AF318620

POLITIQUE INDUSTRIELLE.

IMPRIMERIE D'ÉVERAT,
rue du Cadran, n 16.

POLITIQUE

INDUSTRIELLE

ET SYSTÈME

DE LA MÉDITERRANÉE.

PARIS.

RUE MONSIGNY, Nº 6.

1832.

POLITIQUE INDUSTRIELLE.

ORGANISATION INDUSTRIELLE

DE L'ARMÉE.

8 mars 1832 (1).

Le gouvernement nouveau, héritier collatéral d'une royauté féodale, est imbu de préjugés inséparables de son origine. Les intérêts militaires de la France sont ceux dont il se préoccupe le plus. Il y a un ministre de la guerre auquel on fait une part de trois cent millions : il n'y a pas de ministre de l'industrie. On ne discute pas sérieusement les dépenses militaires ; sans consulter personne, le ministère envoie, coûte que coûte, une expédition à Lisbonne, une autre à Ancône ; qu'on juge

(1) Date de l'insertion dans *le Globe*.

nécessaire un mouvement de troupes sur Lyon ou sur Bruxelles, la somme nécessaire est aussitôt ordonnancée sans hésitation; les millions affluent; et nous ne prétendons pas qu'en cela on ait tout-à-fait tort. Mais qu'une crise industrielle vienne ruiner les travailleurs de Lyon ou de Mulhouse, qu'un ouragan de banqueroutes, plus dévastateur qu'un ouragan des Antilles, menace les existences de toute une contrée, le pouvoir se croise les bras, il laisse faire au temps, il n'a rien à y voir; et si une fois il s'avise de vouloir intervenir, il trouve sur son chemin des raisonneurs, et des plus libéraux, qui, au nom de la liberté, se mettent en travers; car il est reconnu par l'universalité des économistes que le gouvernement n'a rien à démêler dans les affaires de l'industrie; si bien qu'il est de son devoir, la voyant se noyer, de la laisser périr sans lui tendre la main!

Et cependant on ne fait aucune difficulté de reconnaître que l'industrie est la nourricière des empires. Il est même admis en principe par les fortes têtes de tous les partis que la guerre est une effroyable calamité; le gouvernement actuel a pris pour devise Conservation des *intérêts matériels;* et la nouveauté politique de l'ordre le plus élevé qu'on puisse signaler depuis juillet, c'est l'avénement successif à la direction des affaires des deux industriels M. Laffitte et M. Périer.

Il y a donc contradiction manifeste entre la *pratique* du gouvernement et sa *pensée* intime. Cette contradiction perce dans chaque trait de sa conduite, et la vie que mène le roi Louis-Philippe en est le plus éclatant symbole. Ce prince a les goûts qui distinguent aujourd'hui la classe des gros industriels, et on lui a imposé une attitude quasi-féodale. Son plaisir est de vaquer *pacifiquement* à ses affaires, sans suite et sans fracas, en habit bourgeois et en chapeau gris; et dans les cérémonies publiques il ne paraît jamais autrement qu'en tenue de général, l'épée au côté, entouré de troupes de toutes armes. Le prince qui a sagement tenu à conserver la paix pendant qu'autour de lui il n'était bruit que de guerre, dont la paix est l'élément, ne sait et ne peut se montrer aux peuples que métamorphosé en soldat.

Dans son voyage en Alsace, le roi Louis-Philippe a dit un mot qui peint parfaitement la situation du gouvernement vis-à-vis de l'industrie. Les magistrats de Mulhouse lui avaient énuméré les désastres de leur ville et les douleurs de la classe industrielle; *nos ateliers*, disaient-ils, *sont déserts et nos ouvriers sans pain ;* à ce tableau le roi fut profondément touché, mais sa réponse fut : *Je ne puis que gémir.* Et il disait très-vrai : les habitudes gouvernementales, telles qu'on les comprend généralement, ne lui permettaient guère de témoigner sa sympathie pour les travailleurs ruinés du Haut-Rhin autrement que par des vœux stériles.

Supposons qu'au moment où le roi Louis-Philippe venait de faire cette réponse aux magistrats alsaciens, un courrier arrivé en toute hâte fût entré dans la même salle, et lui eût dit : « Sire, les troupes françaises se gardaient mal dans leurs » cantonnemens; les colonels ne s'entendaient point, le dé- » sordre était parmi les soldats; quatre-vingt mille Austro- » Sardes ont débouché à l'improviste par Montmélian. Gre- » noble est pris, Lyon est bloqué, l'armée est à la déban- » dade. » Supposons qu'à cette funeste nouvelle, le roi eût répondu par ces mots: *Je ne puis que gémir,* qu'en eût-on pensé? qu'en eût-il pensé lui-même? Et lorsque les industriels *ne s'entendent pas,* lorsque le *désordre* est dans l'organisation industrielle, lorsqu'une grande catastrophe vient les atteindre à *l'improviste,* lorsqu'ils sont *bloqués* par la faillite, n'a-t-on rien à leur dire que ces mots désespérans? n'a-t-on rien à *faire* pour les sauver de leur perte? Si les intérêts industriels sont reconnus supérieurs aux intérêts guerriers, conçoit-on tant de zèle pour la *guerre,* une si maigre sollicitude pour le *travail?* Et, encore un coup, ce n'est pas au roi que nous adressons un reproche : il n'a pu dire que ce que l'on pensait dans le mi-

lieu qui l'environne, il a exprimé le sentiment des gouvernemens actuels sur l'industrie.

Mais du moment où l'on a admis en principe que la paix est
le premier besoin des peuples, on ne peut plus gouverner
suivant les usages et les règles des gouvernemens de race féodale ou d'institution militaire. Alors on doit avoir pour l'industrie plus que des vœux. Lorsque l'industrie est le fait politique par excellence, il devient naturel de faire pour elle plus
qu'on n'a jamais fait pour le service de l'armée. Une administration qui prétend se consacrer aux *intérêts matériels* se donne
un éclatant démenti, en réservant tout son temps et tous ses
écus à des intérêts de conquête et de défense. Aller à Lisbonne
a pu être bon ; songer à Saint-Quentin ou à Mulhouse eût
été mieux ; et d'ailleurs l'un n'empêchait pas l'autre. Je con-
çois que, pour arrêter un incendie terrible, on ait entouré
Lyon d'un cordon de 40,000 hommes, dût cette opération
stratégique coûter quatre à cinq millions ; employer une
somme égale ou double à améliorer le sort des Lyonnais par
des fondations durables d'écoles, d'ateliers-modèles et de
banques, eût dix fois mieux valu, même pour la tranquillité
publique. Vous voulez la paix, et vous avez raison ; mais ne
vous bornez pas à la vouloir mystiquement. Traduisez vos
bons sentimens pour l'industrie en *pratiques palpables*. Votre
budget est celui d'un peuple guerrier, ayez-en un qui con-
vienne à un peuple de travailleurs pacifiques. Vous vous plai-
gnez de ce que les capitalistes sont craintifs, de ce qu'ils ajour-
nent toute grande entreprise parce qu'ils ont toujours la guerre
devant eux ; agissez vous-mêmes comme si vous n'aviez de
pensées que pour le travail créateur. Il y a dans la masse de
la population une agitation inquiétante ; donnez issue, du
côté du travail, à cette activité qui déborde et qui, restant
sans emploi, est une cause de perturbation. Quand les ateliers
seront ouverts à deux battans, la place publique ne sera jamais encombrée par l'émeute. C'est un mauvais procédé pour

maintenir la paix, que de se prémunir contre la guerre par un développement de forces belliqueuses. Celui qui susciterait directement des intérêts pacifiques, et qui les ferait grandir, s'assurerait un bien meilleur abri.

En temps ordinaire la France dépense deux cent millions pour le budget de la guerre. Avec une somme pareille bien employée au profit de l'industrie, on obtiendrait des résultats gigantesques. En ce moment, pour compléter l'entier établissement du chemin de fer du Havre à Marseille, une somme de cent millions environ serait nécessaire. Si le gouvernement garantissait à une compagnie un revenu de deux à trois millions pendant trente ans, les entrepreneurs se disputeraient cette immense entreprise. Ce mode d'encouragemens appliqué à toutes les grandes lignes de communications, au tracé des canaux, à l'amélioration des rivières, à la mise en valeur des gîtes minéralogiques, à l'établissement d'une distribution d'eaux, et d'un système d'égouts que réclame l'hygiène publique dans toutes les grandes villes de France, serait d'une admirable fécondité; l'industrie prendrait un essor inouï; la richesse publique acquerrait un développement prodigieux. Au bout de très-peu d'années le crédit public se trouverait tellement affermi par l'adoption d'une marche aussi salutaire, que le gouvernement pourrait demander à l'emprunt la somme nécesssaire à ces dépenses. Et d'ailleurs telle deviendrait la prospérité de toutes les classes, qu'un budget qui est écrasant aujourd'hui se trouverait dans peu n'être plus qu'une charge légère.

Quand on énumère les forces dont les gouvernemens disposent dans un but militaire, et que par la pensée on les conçoit toutes dirigées vers une œuvre industrielle, on se sent par instans le cœur navré de l'incurie avec laquelle sur toute la surface de la terre sont gaspillés les germes de la richesse des peuples. Mais ce sentiment pénible se transforme vite en une douce espérance quand on se reporte vers le tableau magnifique du bonheur dont ils jouiront, du jour où les gouvernans auront nettement conscience des destinées pacifiques du genre humain. Ainsi le gouvernement français tient maintenant enrégimentés, casernés ou cantonnés, quatre cent mille hommes pris dans la partie la plus robuste et la plus alerte de la population. Supposez qu'au lieu de harasser ainsi la fleur de la jeunesse, pour lui apprendre des manœuvres qui ne produiront jamais rien à la société, on profite de sa réunion sous les drapeaux, pour lui donner une éducation *professionnelle;* supposez que les régimens deviennent des écoles d'arts et métiers, et mesurez la vitesse de perfectionnement qui entraînerait alors l'industrie française.

On a souvent tenté d'appliquer l'armée aux travaux publics, et l'on n'y a jamais réussi. C'est que, dans toutes ces tentatives, on *imposait* aux soldats des travaux sans nul *attrait;* le plus souvent c'étaient des dessèchemens de marais, ou des creusemens de canaux; travaux mécaniques dont la partie la plus rude devra désormais être faite par machines. Le travail leur était présenté non comme *service*, mais comme *corvée*, non comme un fait *glorieux*, mais comme un fait *pénible;* ils n'y voyaient rien qui pût satisfaire les sentimens élevés, presque tous réfugiés aujourd'hui encore à l'ombre des drapeaux, rien qui pût contribuer à l'amélioration de leur sort MORAL, *intellectuel et physique.* Mais s'il était reconnu que le fait principal du service des corps militaires c'est l'industrie; si les manœuvres guerrières n'occupaient plus, dans la vie des soldats, qu'une place secondaire, comme dans les travaux de l'Ecole polytechnique, par exemple; si l'avancement était subordonné à l'aptitude industrielle; si aux actes industriels on apportait tout l'éclat qu'on prodigue dans les exercices militaires; si tout soldat savait, en entrant sous le drapeau, qu'il va d'abord apprendre une *profession* selon sa vocation, sous des chefs habiles, et vivre ensuite honorablement de son travail, ce qui est *fui* maintenant serait *recherché*. Les cadres de l'armée ne tarderaient pas à être remplis par la seule voie des engagemens volontaires. Il n'est pas un jeune homme de la classe la plus nombreuse et la plus pauvre, qui ne voulût passer au *service* quatre ans de sa vie ; on s'empresserait d'y venir recueillir un excellent apprentissage, des habitudes d'ordre et de régularité qui manquent absolument à l'industrie. Il y aurait alors un *point d'honneur industriel,* source de jouissances pour le travailleur et d'avantages pour la société.

Et cette institution bienfaisante ne coûterait pas un centime à l'état, sauf les premiers frais d'établissement ; car les travailleurs enrégimentés créeraient une masse de produits qui, joints à l'allocation actuelle du ministère de la guerre, suffiraient et au-delà à leur distribuer une haute paie, et à couvrir la dépense courante des écoles industrielles.

Cette féconde pensée de se servir de l'organisation de l'armée, pour donner aux masses l'éducation *professionnelle,* sera longuement développée dans le *Globe;* nous y attachons une grande importance, car du jour où *l'armée* elle-même sera transformée en corps *industriel,* de ce jour le règne de la paix sera assuré. Je me contente aujourd'hui de l'indiquer comme une des œuvres dont le gouvernement doit s'occuper leplus activement dans le plus bref délai. L'énoncé du problème est fort net, et une question bien posée est à demi résolue.

Indépendamment d'une organisation de travailleurs il faut aussi avoir un plan de travaux. Or nous avons indiqué pour l'Europe entière un ensemble d'opérations industrielles que nous avons désigné sous le nom de *système de la Méditerranée,* dont le premier élément est un réseau de chemins de fer. Parmi les parties de ce travail qui sont particulières à la France, nous avons distingué surtout le chemin de fer du Havre à Marseille, et déjà l'attention des capitalistes est dirigée sur cette belle ligne de communications.

Quand nous donnerons des conseils au gouvernement français en particulier, ce sera pour le pousser vers cette double organisation de *travailleurs* et de *travaux*. Dès lors nos paroles n'auront rien de vague ; et comme après tout c'est un moyen éminemment pratique d'inspirer à tous le goût de la paix en France d'abord, dans tous les pays ensuite ; comme ce moyen est non-seulement précis, mais encore qu'il est vraiment à la convenance de tous, et qu'il ne souffre pas d'objection sérieuse, il faudra bien qu'on procède à son exécution.

Puisque au bout de quelques années tous les hommes avancés en sont venus à partager nos doctrines financières, et surtout nos idées sur l'amortissement, aujourd'hui qu'il s'agit d'améliorations incomparablement plus larges , bien plus faciles à saisir et qui ne blessent aucun intérêt, nous devons avoir cent fois raison en beaucoup moins de temps.

MICHEL CHEVALIER.

NOTRE POLITIQUE

EN PRÉSENCE DES PARTIS

ET EN PARTICULIER DES LÉGITIMISTES.

———

21 mars 1832.

NOTRE POLITIQUE PASSÉE.

Le caractère distinctif de notre politique, prise depuis les premiers travaux des disciples de Saint-Simon, c'est que de moins en moins elle est exclusive, et que de plus en plus elle offre une place spéciale à chaque peuple, à chaque parti, jusqu'à les embrasser tous.

Le libéralisme est de tous les partis celuiqui a le plus de prétentions au cosmopolitisme; il est rare cependant qu'*en fait* il se montre exempt d'un patriotisme hostile. Les libéraux français, dans leurs combinaisons politiques, ont toujours tendu à établir la *domination* de la France sur le monde : voilà pour la politique générale. Quant à la politique de la cité, le libéralisme est franchement exclusif; semblable en cela aux partis qui l'environnent, il réprouve absolument tout ce qui n'est pas lui; il se croit le type du *bien*, et il prononce que le *juste milieu* et les légitimistes sont l'incarnation du *mal*.

Nous qui sortions des rangs du libéralisme, nous avons dû d'abord être exclusifs à la manière des libéraux. Dans l'origine notre politique fut caractérisée par des sympathies populaires beaucoup plus larges que les leurs; car tandis qu'ils réclamaient pour les masses des droits *métaphysiques*, le *suffrage universel* plus ou moins modifié, nous élevions la voix pour demander en leur faveur des améliorations dans l'ordre MORAL, *intellectuel* et *physique*; pendant qu'ils poursuivaient une égalité *mystique*, sans s'inquiéter aucunement de la répartition des instrumens et des produits du travail, nous proclamions que tous les priviléges de la naissance, *sans exception*, devaient être abolis. Mais alors nous ne sentions pas la mission des autres partis, *juste milieu* et *légitimiste;* nous ne comprenions pas que l'un et l'autre représentaient une face de la vie sociale.

Plus tard nous avons enseigné en termes généraux que chaque parti avait une légitime raison d'existence; que chacun d'eux était la personnification d'un des besoins de la civilisation : besoin de paix et de stabilité pour le *juste milieu*, besoin d'ordre et de hiérarchie pour les *légitimistes*. Bientôt spécialisant en hommes logiciens, nous avons examiné en détail les faits et gestes du *juste milieu* ou plutôt de l'homme qui est le type de ce parti, de M. Périer; tout en blâmant ce que sa politique avait eu de rétréci et d'égoïste, nous avons loué sa ferme volonté de maintenir la paix, et nous l'avons félicité de ce que ses efforts avaient sauvé le monde d'une effroyable conflagration.

Mais nous ne savions rien dire aux catholiques, sinon que le catholicisme était mort, et rien aux légitimistes, sinon que la cause qu'ils défendaient était une cause perdue sans retour.

A la même époque, notre politique générale roulait sur l'association des trois nations qui représentent le plus parfaitement les trois facultés de l'existence humanitaire, de la FRANCE, peuple SYMPATHIQUE, LIANT, de l'*Angleterre*, peuple *industriel, matérialiste;* et de l'*Allemagne*, peuple *spiritualiste, savant;* à nos yeux la plupart des autres peuples de l'Europe s'éclipsaient. Nous dégradions les régions catholiques et nous les condamnions à une tutèle sévère. L'Orient nous apparaissait comme un ilote abruti et énervé. Nous donnions mission à la Russie du soin de le réveiller à coups de canon de l'ignoble léthargie où nous le supposions plongé, et de le faire avancer vers la civilisation à coups de crosse.

POLITIQUE NOUVELLE.

Certes nous ne venons pas faire amende honorable de cette politique. Nous nous glorifions de l'avoir propagée, malgré ses imperfections, car elle était bien plus large que tout ce qui s'enseigne ou se pratique autour de nous. Mais nous sommes les hommes du progrès, et nous rendons grâce à Dieu lorsque dans nos doctrines une lacune s'offre à nos yeux, parce que c'est pour nous l'indication d'une amélioration nouvelle : un vide bien signalé est très-proche d'être comblé.

Des hommes religieux qui disent DIEU EST TOUT CE QUI EST ne peuvent sans contradiction lancer un anathème absolu sur un peuple, un parti, une individualité. Des hommes qui sanctifient toutes les manières d'être à la condition de les *coordonner,* de les *combiner,* de les ASSOCIER, ne sauraient sans inconséquence continuer à laisser en dehors de leurs sympathies des forces sociales d'une haute énergie, sous prétexte de tendances rétrogrades; les apôtres de *l'association* UNIVERSELLE invariablement cramponnés à des principes EXCLUSIFS seraient une dérision.

De même que la MORALE NOUVELLE révélée par notre PÈRE SUPRÊME ENFANTIN donne une place aux individualités de tous les caractères et développe chaque type suivant sa nature en les reliant tous dans une commune destination; de même notre *politique nouvelle* reconnaît le génie propre à chaque peuple. Le *système de la Méditerranée,* traduction maté-

2

rielle de cette MORALE , appelle à remplir une mission l'Autriche, les deux Péninsules et l'Irlande, tout comme la grande
trinité de la FRANCE, de la *Prusse* et de l'*Angleterre*. Au lieu
d'enchaîner l'Orient au char de l'Occident, nous le glorifions
de ses énergiques efforts pour se remettre en marche après
un long sommeil, et nous l'appelons à partager le trône du
monde. Et quand j'ai tracé le réseau de chemins de fer qui
doit *réaliser* le premier terme de l'ASSOCIATION UNIVERSELLE,
je l'ai étendu aux deux rives de la Méditerranée, sur
les plaines de la Mésopotamie comme dans la vallée du
Tage.

Nous avons exposé ailleurs cette *politique générale* (1); disons notre *politique française*, car la France est le pivot du
monde. Nous rendrons égale justice à tous les partis dans leur
passé ; nous leur signalerons dans l'avenir la satisfaction des
sentimens qui font leur vie, et pour le présent nous nous
présenterons ainsi à chacun d'eux sous une face d'attrait. De
tous les partis celui dont nous aurons le plus à nous occuper,
c'est celui avec lequel nous avons actuellement le moins de
points de contact, celui des hommes du passé, légitimistes en
politique, catholiques en religion.

NOTRE POLITIQUE VIS-A-VIS DES LÉGITIMISTES.

Le sentiment de hiérarchie qui est en nous et qui va de
plus en plus se manifester extérieurement , sera un lien entre
nous et les légitimistes. Nul comme nous, qui nous sentons
vivre en un chef et que de plus en plus l'on verra, la tête
haute et l'œil brillant, professer et pratiquer le *dévouement à
sa personne*, nul comme nous ne saurait dire ce qu'il y a de
magnanime dans le respect pour l'ombre d'une royauté jadis
resplendissante de gloire et entourée de l'amour des popula-

(1) Voir le Globe des 5 et 12 février.

tions. Nous qui avons abjuré une sauvage *indépendance* et qui avons conquis une pleine *liberté* en apprenant à aimer l'homme à la haute stature, à la face radieuse, à l'inépuisable calme, qui s'élève du milieu de nous, nous avons le droit d'affirmer à tous que, sans être pour cela de crédules radoteurs, des hommes peuvent se montrer profondément émus au spectacle de la chute d'une royauté en qui pendant quatorze siècles fut personnifiée la grandeur de la France, et pleurer sur les malheurs de la *fille des rois* et sur l'exil d'un *royal enfant*, et que ceux-là n'étaient pas des esclaves abjects, qui, voyant entouré de partis menaçans le *fils de tant de rois* dépositaires de la *fortune de France*, reportaient vers lui un pieux reflet de l'obéissance des preux pour leur suzerain et se découvraient pour s'écrier : *Vive le roi quand même!*

Nul des partis n'a comme les légitimistes le sentiment de la majesté. Il n'est que le soleil devant qui ils puissent s'incliner. Voilà pourquoi la royauté nouvelle, qu'aucune grande pensée n'a encore recommandée à l'admiration des peuples, et qui n'a ni le prestige des souvenirs, ni celui de ses œuvres, les a trouvés froids et dédaigneux. Voilà pourquoi les hommes de Coblentz accoururent en foule autour de l'astre d'Austerlitz, astre superbe qui à son apogée eut la puissance de rallier à son orbite tous les partis, et près duquel les descendans des nobles barons vinrent se transformer en chambellans, comme les montagnards de la Convention en comtes de l'empire; astre passager en sa splendeur, précurseur d'un autre plus éclatant qui, inondant tous les partis de sa vive lumière et les fécondant de sa douce chaleur, les entraînera d'ensemble en sa course majestueuse.

Nous réhabiliterons ce sentiment de la grandeur et de la magnificence, dont les autres partis prennent plaisir à se dépouiller et dont heureusement il leur reste toujours attachés quelques lambeaux. Nous réveillerons partout cette vénération dont les légitimistes sont pleins pour celui en qui réside l'unité sociale, cette sollicitude à l'entourer des merveilles des arts, où des hommes prétendus positifs n'ont rien voulu voir qu'un servilisme cupide. Car ce sont des formes diverses du sentiment de hiérarchie, en l'absence duquel les peuples modernes errent divisés, épuisés, hagards.

Un lien sympathique ne peut tarder à s'établir entre les héritiers directs des sentimens chevaleresques et les hommes qui à travers mille obstacles, mille accusations, mille outrages, poursuivent, toujours calmes, l'accomplissement de la plus gigantesque des missions ; entre les admirateurs de la gloire antique et ceux qui veulent aussi la gloire, mais la gloire de la paix et du travail ; entre ceux dont la bannière déchirée par les vents des révolutions porte encore la devise : *Mon Dieu*, *mon roi*, *ma dame*, et ceux qui veulent aussi remplir la place vide aujourd'hui où fut l'autel, où fut le trône, par un trône et un autel mille fois plus rayonnans que ne séparera plus aucune barrière, et qui préparent l'inauguration de la femme de l'avenir, dont la dame du moyen âge était un élégant symbole.

Beaucoup de gens qui nous aiment s'étonneront de ce que nous allons ainsi aux légitimistes comme nous sommes allés aux libéraux et au juste-milieu, pour les attirer sur notre terrain, quoique ce soit une conséquence directe de nos principes ; car il y a bien des hommes pour lesquels il est entendu qu'un légitimiste est nécessairement un misérable, ennemi du bonheur de la France ; mais cette prévention ne résiste pas à quelques instans de réflexion ; et en effet, la moralité ou la capacité de MM. de Chateaubriand, de Villèle, de Fitz-James, est-elle inférieure à la moralité ou à la capacité des coryphées du libéralisme et du juste-milieu ? Les légitimistes possèdent une influence considérable, car la partie la plus riche de la population est avec eux. En fait d'habileté ils ne le cèdent à personne, car sous ce rapport quel est le journal qu'on pourrait mettre au-dessus de la *Gazette* ? En face d'une puis-

sance aussi vivace, il y aurait ignorance, impéritie, brutalité,
à avoir une autre pensée, que de la faire converger directement à l'amélioration sociale en dégageant et en développant
les nombreux élémens de progrès qui sont en elle; car autrement il faudrait l'*écraser :* or quel est donc l'exterminateur
dont le glaive est plus tranchant que celui de la Convention,
dont le bras est plus pesant que celui du grand empereur?

Une *politique française* qui ne donnerait pas une large place
aux sentimens de hiérarchie qui font l'essence du parti légitimiste, serait une déplorable rêverie, tout comme une *politique
générale* fondée sur l'exclusion des peuples à gouvernemens dits
absolus, et en particulier de l'*Autriche.* Plus exactement, ces
deux méprises n'en font qu'une; et pour y persister après
examen, il faudrait n'avoir pas le sens des crises européennes
de 1793, 1815, 1830.

LES MILITAIRES.

Et lorsque nous nous tournerons vers les légitimistes, ce
n'est pas seulement à leur cœur que pénétreront notre voix et
notre geste; car il est d'autres hommes qui, dans leurs rêves,
appellent eux aussi un colosse de gloire pour se courber avec
respect à son approche. La chevalerie a encore dans les camps
de dignes fils qui soupirent après la venue d'un de ces génies
devant lesquels la terre se tait. L'honneur militaire, qui n'a
pu s'accommoder de l'humilité chrétienne, attend une foi qui
relève les fronts au lieu de les abaisser, qui les pare de pourpre et d'or au lieu de les couvrir de cendres, qui donne le
monde à dévorer à la bouillante ardeur de l'homme d'action, au lieu de le claquemurer dans une cellule ou de l'enchaîner au sommet d'une colonne; et cette foi, nous l'apportons.

NOTRE LANGAGE AUX CATHOLIQUES.

Quant aux hommes du passé chez qui dominent les tendances religieuses, nous avons à leur dire que nous venons réaliser le *catholicisme* définitif, la religion vraiment *universelle* dont la grande œuvre des pontifes romains, aujourd'hui disloquée, a été comme l'admirable portique. Ils appellent la paix et l'union; nous apportons le plan d'une organisation pacifique du monde, et nous annonçons aux hommes que la volonté de Dieu est qu'on cesse de l'appeler le *Dieu des armées*. Ils attendent le règne de Dieu, où il sera donné à chacun selon ses œuvres; nous arrivons pour le constituer par degrés en étendant successivement sur tous l'insensible réseau d'une hiérarchie d'amour. Nous venons fonder une glorieuse dynastie au sein de laquelle revivra perpétuellement la *sainte famille* avec son sublime *mystère*. Nous venons accomplir les plus hautes prophéties. Le temps est proche de la *résurrection des corps*, selon la parole du fils de l'homme, c'est-à-dire de la *réhabilitation de la chair*, de la *sanctification* des jouissances *matérielles* qui font la joie du travailleur et redoublent sa force. Le temps est proche où, selon la promesse promulguée par Isaïe, le fer des lances et des épées se transformera en socs de charrue; car l'avènement de l'industrie est écrit à l'horizon. Le temps est proche où la femme *écrasera la tête du serpent*, c'est-à-dire où la femme, admise dans le temple et dans la cité, chassera par sa seule présence l'exploitation du faible par le fort, les idées d'antagonisme, les passions brutales. Le temps est proche où *tout* sur la terre chantera la louange du Seigneur, car il n'y aura plus de réprouvés, et *toute* nature sera sainte.

CERCLE DE NOTRE POLITIQUE.

Et pendant que nous nous associerons ainsi les hommes du passé, nous resserrerons les liens qui nous unissent aux libéraux et au juste-milieu. Car de plus en plus nos plans d'amélioration populaire seront précis et applicables, et de plus en plus notre caractère conservateur et notre volonté de ménager les intérêts du présent seront manifestes.

Ainsi le cercle de notre politique sera complet; les partis seront rangés autour de nous, chacun enfermé dans son camp, et chez chacun d'eux nous aurons une tête de pont par laquelle nous pourrons, nous, aller à eux, et eux se rapprocher de nous. Nous passerons ainsi de l'un à l'autre, dissipant les préventions par lesquelles ils se repoussent, expliquant l'une à l'autre ces natures diverses et les exaltant tous pour l'organisation pacifique où chacun pourra puiser à pleines mains bonheur, richesses et lumières.

NÉCESSITÉS DES FORMULES POLITIQUES. — LES NOTRES.

Mais ce n'est pas tout que de sentir la nature de chaque peuple et d'apprécier sainement la vertu propre à chaque parti. Il ne s'agit pas seulement de les *juger* impartialement, il faut assigner à leur ardente activité un but qu'ils puissent *poursuivre* et en vue duquel ils puissent S'ASSOCIER.

Ce qui fait le vice de la politique de tous les partis, c'est qu'aucun d'eux n'a une *œuvre* précise à indiquer aux populations. Tous font de l'idéologie, et de la plus vaporeuse, de la plus mystique. Ils ont la bouche pleine des mots d'amélioration, de conservation, d'ordre; de liberté, de légalité, d'autorité; mais tout cela est incomplet, tout cela est creux; car ils n'ont pas la notion d'une œuvre, d'un fait, d'une destination sociale par rapport à qui doivent être définis tous les termes sur lesquels ils discutent sans fin avec tant de persévérance et de finesse.

De même ce qui fait le vice de la politique des gouvernemens c'est qu'aucun d'eux n'a conscience d'une *œuvre générale* en vue de laquelle on puisse coordonner les peuples. Ils repoussent la guerre et l'émeute, mais ne sachant indiquer à leurs gouvernés aucun but de la taille des nations européennes, ils laissent sans écoulement d'ardentes passions qui dégénèrent ainsi en goûts anarchiques et en fièvre belliqueuse.

Or nous, grâce à Dieu, nous n'en sommes plus à renou-veler en fait de *politique générale*, le rêve de l'abbé de Saint-Pierre. Nous avons plus qu'un vague SENTIMENT ; nous possédons une CONCEPTION avec sa *formule* et sa *figure* (1); nous pouvons tracer notre carte méditerranéenne, comprenant l'Europe entière, une partie de l'Afrique et de l'Asie. Qui aujourd'hui en dehors de nous a une politique seulement européenne découlant ainsi d'une pensée unique? Qui pourrait traduire ainsi ses principes politiques par une carte de géographie? Considérant les peuples méditerranéens dans leur ensemble, nous avons à leur proposer une *œuvre* gigantesque, c'est l'établissement d'un système de chemins de fer dont nous avons esquissé le principal réseau, qui changera toutes leurs relations, et triplera leur vie en les rapprochant prodigieusement les uns des autres : travail superbe en qui se résume une complète régénération industrielle, et dont l'exécution est nécessairement liée à une reconstitution pacifique et successive de tout l'ordre social, afin que le monde, organisé jusqu'ici pour la guerre, c'est-à-dire pour la destruction et la violence, s'organise définitivement pour le travail, c'est-à-dire pour la production et la paix.

En fait de *politique* plus spécialement *française*, nous avons de même une pensée nette : c'est la transformation de l'armée en un vaste système d'éducation professionnelle pour la masse de la population. Les régimens avec leurs costumes, leur musique, leur religion du drapeau, deviendraient alors de grandes écoles d'arts et métiers où les travailleurs trouveraient un fonds précieux de sentimens d'honneur et d'habitudes de ponctualité. Le plan d'organisation de l'armée figurerait l'encyclopédie de l'industrie, et provisoirement les travaux créa-

(1) Voir le GLOBE du 12 février.

leurs n'excluraient pas les exercices militaires, pas plus que les études scientifiques de l'Ecole polytechnique n'excluent maintenant l'apprentissage de la manœuvre ; ainsi l'impôt du sang serait changé en une initiation féconde ; ainsi le travail serait organisé et ennobli ; ainsi parmi les travailleurs il y aurait association de SENTIMENS, d'*idées* et d'*efforts*, c'est-à-dire RELIGION.

Voilà l'ébauche de notre conception de politique *générale* et de politique *intérieure*, notre avant-projet d'organisation du *travail* et des *travailleurs*. Nous avons déjà commencé à élaborer et à développer ces idées premières encore mal dégrossies ; nous continuerons infatigablement en rattachant à notre premier anneau, sauf modification, toutes les institutions existantes, de manière à faire passer doucement la société de sa condition actuelle à l'ordre que nous lui apportons.

NOS CHANCES.

Nous savons nettement où nous voulons aller, et nous sommes assurément les seuls au monde dans ce cas ; car les légitimistes, dont les projets sont moins vagues que ceux des autres partis, s'ils tentaient de formuler l'organisation sociale qui serait en harmonie avec leurs principes, aboutiraient droit à la féodalité, dont certainement ils n'ont nulle envie. Or lorsque des hommes de cœur, pleins de volonté, de foi et d'activité, étroitement unis les uns aux autres autour d'un chef en qui ils avaient confiance absolue, se sont trouvés mis en face d'une société en désarroi, bien résolus à la pousser en avant vers une destination dont ils avaient conscience, il n'est jamais arrivé qu'ils aient échoué, et leur succès a été d'autant plus rapide que la société qu'ils venaient restaurer était plus désordonnée et plus souffrante, c'est-à-dire avait plus besoin d'eux.

Du moment où notre double projet de politique *générale* et

intérieure aura été assez étudié, élaboré et perfectionné pour être immédiatement réalisé, de ce jour notre avènement politique sera imminent. Et en effet tout ce que nous avons enseigné d'immédiatement praticable depuis dix-huit mois est aussitôt devenu du domaine public, et s'est introduit dans la pratique sociale.

Les premiers, après les événemens de juillet, au milieu des cris de guerre, nous avons affirmé, nous avons répété presque chaque jour que l'acte diplomatique le plus important à accomplir, c'était l'alliance de la France et de l'Angleterre. En ce moment cette alliance est dans les désirs de la partie la plus éclairée des deux nations et elle est à peu près conclue. Nous laissons à M. de Talleyrand la gloire d'avoir fait prévaloir cette pensée à la conférence de Londres : nous revendiquons pour nous celle de l'avoir fait passer dans la presse et de l'avoir popularisée.

Pendant quelques mois nous avons mis à nu l'amortissement, nous l'avons analysé avec une imperturbable constance ; et voici qu'à la discussion du budget, pour la première fois l'utilité de l'amortissement a été mise sérieusement en question à la tribune : cent soixante-treize voix se sont élevées contre lui, il disparaîtra à la session prochaine.

Dans le *Globe* de 1831 nous avons réclamé avec non moins de persévérance l'établissement d'un impôt progressif sur les successions ; par l'organe de M. Humann, la commission des recettes a déclaré adopter ce principe. Elle ne l'a appliqué qu'avec une réserve excessive ; mais le principe est posé, et le Français est de tous les peuples le meilleur logicien.

Il n'y avait pas quinze jours que nous avions démontré les avantages immenses que la France et la civilisation retireraient d'un chemin de fer du Havre à Marseille, et déjà M. d'Argout annonçait à la tribune que la concession lui en avait été demandée.

Que ceci serve de pronostic à ceux qui douteraient de ce qui doit arriver dès que nos principales idées politiques auront été assez mûries pour être mises en œuvre. Ceux qui déjà nous connaissent savent que notre puissance MORALE va toujours précédant notre influence *politique;* ils ont vu comment l'autorité personnelle de notre PÈRE SUPRÊME et de ses fils a toujours été grandissant, si bien que nous avons toujours obtenu les moyens de réaliser nos projets dès qu'ils ont été réalisables. Ceux-là ont à rendre autour d'eux témoignage de nous et de notre avenir, jusqu'à ce que tous nous connaissent, nous aient vu, nous aient touché; ce qui ne saurait plus tarder, car nous ne voulons pas d'un apostolat d'isolement, ou de ténèbres.

M. C.

POLITIQUE D'ASSOCIATION.

POLITIQUE DE DÉPLACEMENT.

———

(30 mars 1832.)

La politique des siècles passés fut une politique de *guerre* sanglante. Celle du présent est une politique de *chicane* ruineuse. C'est de l'ANTAGONISME sous la double forme du *sabre* et de la *plume*, de la *matière* et de *l'esprit*. Cette double politique est usée : celle d'ASSOCIATION commence.

OISIFS ET TRAVAILLEURS.

La politique, telle que nous l'avons long-temps enseignée, roulait exclusivement sur l'OPPOSITION des deux termes *oisifs* et *travailleurs*. Cette distinction est la plus radicale qu'on puisse poser lorsqu'on veut adopter pour principe un dualisme de lutte. Toutefois cette politique était très-incomplète, en ce sens que nous tenant à un point de vue *exclusif*, nous devions

chercher l'amélioration du sort du *travailleur* dans l'abaissement direct des priviléges de *l'oisif*. C'est ainsi par exemple
que nous attachions une importance capitale à l'établissement
d'un nouveau système d'impôt, qui eût reporté sur les riches
cent cinquante millions d'impôts qui pèsent le plus sur le
pauvre, tel que l'impôt du sel et la loterie, et que nous y si-
gnalions la source de la prospérité publique.

De la sorte nous faisions de la politique de *déplacement*. Ce
que nous voulions donner au pauvre, nous le demandions à
la bourse du riche ; nous donnions tort aux classes élevées,
raison aux classes inférieures. Ce n'était pas une politique de
conciliation et de pacification, car il n'y avait pas bienveil-
lance pour tous.

C'est ainsi que devaient se présenter des hommes arrivés
au Saint-Simonisme par la voie libérale. Nous avions d'abord
été *exclusivement* frappés par la face d'émancipation *populaire*
des travaux de SAINT-SIMON, et cette face y est prédomi-
nante. Nous n'avions qu'imparfaitement, et seulement sous
le rapport de la politique générale, le sentiment de l'association *universelle*.

Certes, je le répète, la distinction *oisifs* et *travailleurs* est
fort réelle, et elle a une autre portée que les autres dualismes
politiques qui ont été posés jusqu'à nous ; mais il n'en faut
pas faire une *division*. Certes il y a dans la société des gens qui
produisent sans consommer, d'autres qui consomment sans
produire. Certes il y a des hommes qu'il serait impossible de
faire rentrer dans les grandes catégories de travaillleurs qui
commencent, l'une au banquier comme Laffitte ou Rothschild, l'autre au savant comme Geoffroi Saint-Hilaire ou
Berzelius, la troisième à l'homme d'inspiration tel que Béranger ou Chateaubriand, et qui finissent, la première au
plus humble terrassier, la seconde au maître d'école de vil-
lage, la troisième au ménétrier champêtre ; et ces trois séries
comprennent toutes les classes qui occupent un rôle direct et

actif dans l'œuvre sociale, industriels, savans et artistes. Certes il y a une grande quantité de virtualités qui s'étiolent hors de cette triple sphère, et qu'il est indispensable d'y *attirer :* mais pourquoi les y faire rentrer par des moyens *coercitifs ?* Ensuite n'est-il pas vrai que le dépôt des sentimens élevés dans l'ordre politique, et dans l'ordre des faits individuels, est le plus souvent autre part que chez ces trois séries de *travailleurs ?* Ils sont les fils des Gaulois ; parfois ils laissent voir en eux la trace de la servitude de leurs pères. Les fils des Francs, aujourd'hui *légitimistes* et *oisifs,* plus qu'eux ont conservé à travers les âges les germes de la générosité et de la grandeur, et l'amour de la gloire. Car enfin c'est M. de Polignac qui a conquis Alger : s'il fût resté ministre, le plus grand projet industriel de la restauration, le canal maritime du Havre à Paris, eût été mis en exécution ; et cependant M. de Polignac n'était ni une des plus fortes têtes ni un des plus grands cœurs des classes *oisives.*

Les *oisifs* sont les successeurs des conquérans, les *travailleurs* procèdent des vaincus. Le travailleur est exploité ; la position de l'oisif par rapport à lui est de fait violente : mais on ne mettra jamais fin à la violence par la violence. Pour affranchir l'exploité, le pire moyen serait de vouloir mettre le pied sur la gorge du maître. Ce n'est point en arrachant à l'un ses habits, qu'on assure un vêtement à l'autre ; car on n'obtiendrait ainsi que des lambeaux. Tant qu'on posera le problème en ces termes : « Comment *soumettre* l'oisif au travailleur ? » on ne le résoudra jamais en réalité, car il ne faut d'ilotes d'aucun genre, Francs ou Gaulois. Il n'y a de solution possible qu'en s'exprimant ainsi : « Comment organiser le travail et le rendre attrayant, de sorte que *l'oisif* veuille être *travailleur ?* Quelles indemnités offrir, MORALES, *intellectuelles* ou *matérielles* dont puissent être satisfaits les détenteurs des priviléges de la conquête en France et plus encore au dehors.

POLITIQUE D'ASSOCIATION.

La politique est tout entière dans le sentiment de *l'association universelle*; mais il ne faut pas l'entendre seulement d'une confédération de peuples ou d'un traité de commerce entre les cabinets. L'association universelle ne sera réalisée que lorsqu'il aura été rendu justice à tous, partis, classes, races et sexes; lorsque chaque nature aura été reconnue, et qu'il lui aura été assigné un rôle dans l'œuvre commune. Or jusqu'à ce jour les hommes voués aux intérêts populaires n'ont pas dégagé l'élément progressif qui subsiste dans les classes qui pratiquent l'oisiveté. Ils se sont beaucoup occupés de les *mater*, fort peu d'utiliser la puissance d'ordre, d'élévation et de dévouement dont les légitimistes, par exemple, qui en forment une bonne part, ont donné de fréquentes preuves.

Quant à nous, nous disons aux libéraux que le seul moyen d'améliorer efficacement la condition des masses, c'est de sortir de la politique de *déplacement* pour entrer dans la politique *d'organisation*, *d'association;* et nous disons aussi aux légitimistes que dans cette nouvelle politique sont toutes les chances d'ordre. Ce n'est point en renvoyant les charges publiques d'une classe à l'autre, que nous poursuivons le progrès social. Après tout, de quelque façon qu'on s'y prenne, ce sont toujours les *travailleurs* qui paient l'impôt, puisqu'eux seuls produisent; et, quelque combinaison qu'on adopte pour demander aux privilégiés les ressources nécessaires au jeu du mécanisme social, la concurrence est toujours là, force fatale qui tend à ramener sans cesse le précédent niveau. Que le pain baisse de cinq centimes le kilogramme (et il n'y a pas de loi des céréales qui puisse produire ce résultat), avec la constitution actuelle de l'industrie et la détresse des chefs de travaux, il ne faudra pas six mois pour que les salaires aient subi une réduction à très peu près équivalente. La loi de 1821 est fort mauvaise assurément, celle proposée par M. d'Argout est de beaucoup meilleure, et elle atteste chez cet administrateur des lumières et un zèle dont il faut lui savoir gré; mais en dernière analyse ce sont là des palliatifs impuissans : c'est de la politique de *déplacement;* il faut chercher ailleurs.

La politique d'*association,* qui est maintenant la nôtre, consiste à reconnaître les intérêts de tous. Ce que nous voulons aujourd'hui, ce n'est ni l'aumône sur quelque échelle que ce soit, ni une autre répartition des impôts. C'est l'organisation du travail, sauf à aviser plus tard à d'autres moyens de subvenir aux dépenses publiques. L'activité industrielle enrichit toutes les classes, aussi bien le capitaliste à millions que le dernier des apprentis. Quand l'industrie prospère, l'ouvrier gagne de grosses journées, le maître réalise de gros bénéfices. Quand l'industrie prospère, l'intérêt des capitaux est moinélevé, mais le propriétaire des capitaux est alors assuré contre le sinistre de la banqueroute, et pour lui rien n'est plus essentiel; car la banqueroute est tellement active à bouleverser les fortunes mobilières, qu'il en est fort peu qui se perpétuent au-delà de cinquante à soixante ans. Il y a cinq ans le travailleur trouvait aisément du crédit à 4, à 3, à 2 p. 100. Aujourd'hui qu'il offre au capitaliste 8 ou 10 p. 100, il peut à peine s'en faire écouter; jamais les capitalistes ne se sont récriés aussi fort sur le malheur des temps; il est en effet certain que leur situation est incomparablement plus difficile qu'en 1826, époque à laquelle ils plaçaient leurs fonds à un taux moitié moindre.

Sous le point de vue *politique* proprement dit, l'*association universelle* c'est l'organisation d'un système de travaux *industriels* qui embrasse le globe entier; ce qui suppose une œuvre générale à laquelle tous les peuples aient une part, et une œuvre secondaire *particulière* à chaque peuple.

Comme premier élément d'une œuvre *générale,* j'ai esquissé

le *système de la Méditerranée.* Voilà pour le *travail.* Quant à l'organisation des *travailleurs,* qui serait indispensable pour conduire à bonne fin une entreprise aussi étendue, j'ai dit aussi comment on pourrait y faire servir les cadres de l'armée, et comment il serait possible de fonder sur l'institution de la conscription, aujourd'hui si odieuse, un système fécond d'éducation professionnelle pour la masse de la population.

POLITIQUE FRANÇAISE.

Quant à l'œuvre *particulière* à la France, NOTRE PÈRE SUPRÊME ENFANTIN, en m'appelant à la direction de nos intérêts politiques, m'a chargé, avec STÉPHANE FLACHAT et HENRI FOURNEL, d'en tracer le plan; voici très-sommairement quels sont les principaux travaux sur lesquels se porte notre attention.

Communications. — Système définitif de navigation, de chaussées et de chemins vicinaux. Système de chemins de fer dont les principaux seraient du Havre à Marseille par Paris; de Nantes à Mayence par Paris et Strasbourg, avec embranchement sur Metz; de Bayonne à Paris par Bordeaux; de Lyon à Gray, de Gray à Bâle, de Bâle à Cologne; de Gray à Verdun par Saint-Dizier; de Paris à Bruxelles; de Bordeaux à Brest par Nantes.

Exploitation. — Refonte du travail agricole; système d'irrigation; mise en valeur de la Basse-Bretagne, des Landes et de la Sologne; dessèchement des marais; plantation des montagnes et surtout des Pyrénées, où les bois sont dans un effroyable état de dépérissement. — Exploitation des mines de houille dont un grand nombre sont à peine effleurées dans les départemens de l'Hérault, du Gard, de l'Aveyron, du Puy-de-Dôme, de Saône-et-Loire; de la Vendée et dans plusieurs autres. — Exploitation des mines de fer, de cuivre et de plomb dans les Pyrénées, les Vosges et les autres chaînes de montagnes.

Tout cela combiné avec un système de banques, avec un ensemble unitaire d'écoles professionnelles, avec une réorganisation de la propriété foncière : tout cela entouré des établissement accessoires qui s'élèveraient au premier signal pour alimenter, vêtir les travailleurs, les aider et les réjouir dans leur œuvre; tout cela produirait en peu d'années une révolution immense, toute de paix et de joie.

Tout cela dominé par une conception religieuse qui rattacherait par mille liens de gloire, de prospérité et d'amour la France à tous les peuples de la terre; qui pacifierait toutes les classes, tous les partis en leur donnant à chacun le sentiment de la valeur réciproque des autres; qui placerait chaque individualité dans le milieu où elle se sentirait le mieux vivre et où elle serait le mieux sentie; qui fonderait la *liberté* en consacrant l'intervention de la FEMME dans la cité et dans le temple; qui exciterait l'activité de tous par l'entraînement des arts, par l'attrait du plaisir, par les pompes du culte; tout cela serait ou plutôt sera l'entrée définitive des nations dans une ère nouvelle.

En vertu de la mission que j'ai reçue avec HENRI FOURNEL et STÉPHANE FLACHAT de notre PÈRE SUPRÊME ENFANTIN, je fais aujourd'hui, en mon nom et au leur, un appel aux ingénieurs, aux entrepreneurs d'industrie, aux commerçans et aux agriculteurs, afin qu'ils m'adressent tous les documens qui nous sont nécessaires pour tracer le plan d'ensemble des travaux à exécuter et des établissemens industriels à fonder en France, et pour mettre ce plan en harmonie avec le plan général de l'œuvre méditerranéenne. Le jour viendra bientôt

3.

où nous leur ferons entendre un autre appel, car le temps est proche où nous réclamerons leur concours actif pour la réalisation du plan de l'œuvre *française* et de l'œuvre *méditerranéenne*.

CAPITAUX NÉCESSAIRES. — NOUVEL EMPLOI DE L'AMORTISSEMENT.

Quant aux capitaux qui seraient nécessaires pour accomplir l'œuvre industrielle dont nous poursuivons la réalisation, j'ai déjà dit (1) qu'en ce moment les gouvernemens européens dépensaient annuellement quinze cent millions pour tenir sur pied, dans une oisiveté dégradante, les trois millions d'hommes les plus vigoureux, les plus alertes de la population; j'ai dit que la guerre avait fait souscrire à la France, depuis trente ans, quatre milliards cinq cent millions d'emprunts, et à l'Angleterre, depuis soixante ans, près de dix-huit milliards. D'où il résulte clairement que le jour où il y aura des gouvernans persuadés que l'industrie doit être le but de l'activité matérielle des peuples, et résolus par conséquent à faire pour l'industrie tout ce que les gouvernemens passés ou actuels ont fait ou font pour la guerre de conquête ou de défense, rien ne sera plus aisé que de subvenir à tous les frais des entreprises les plus colossales. Sous un régime industriel le crédit en masse acquerrait vite un développement prodigieux, et comme le gouvernement se trouverait alors le principal instigateur de la civilisation, le crédit de l'état surtout serait hors de toute proportion avec le crédit des gouvernemens actuels.

Il y a beaucoup de sources d'ailleurs auxquelles il serait possible de puiser pour couvrir toutes les dépenses qu'entraînerait la régénération industrielle de la société; et ici nous prendrons un exemple important qui sera de nature à préci-

____

(1) Système de la Méditerranée, quatrième article.

ser la distance qui sépare notre politique actuelle d'*organisa-tion* et d'*association* de notre politique passée de *déplace-ment*. L'an dernier nous proposions de consacrer la dotation de l'amortissement à l'abolition des impôts des boissons, de la loterie et du sel; et sur ce texte *Emile Perrire* publia alors dans le *Globe* des travaux d'un grand intérêt. Voici l'usage que de notre point de vue actuel nous destinerions à cette dotation considérable :

Le plus grand obstacle à la formation de compagnies industrielles dans le but d'exécuter de grands travaux de communication ou d'exploitation, ou de fonder des banques provinciales ou spéciales, c'est que de telles entreprises, très-utiles au pays qui en est doté, ne sont pendant un laps de temps que d'un très-faible produit pour les bailleurs de fonds. Nous voudrions donc que la dotation de l'amortissement fût distribuée, à titre de primes annuelles de 2 à 3 pour 100 du capital engagé, pendant dix, quinze ou vingt ans, aux associations qui se seraient chargées de quelque grand établissement d'utilité publique, route, canal, mine, usine, etc., et la portée de cette mesure serait considérable, car la dotation de l'amortissement va s'élever à quatre-vingt-dix millions qui, à raison de 2 1/2 p. 100, représentent un capital de trois milliards six cent millions.

Ainsi la dotation de l'amortissement entre les mains.d'un gouvernement capable qui resterait sourd aux vaines terreurs de l'agiotage, et qui sentirait le rôle que l'industrie est appelée à jouer chez les peuples modernes, suffirait à mettre en train dans un intervalle de quelques mois une masse de grands travaux distribués sur tout le territoire de la France, et montant à TROIS MILLIARDS SIX CENT MILLIONS.

Il y a bien des événemens qu'on a qualifiés de révolution, et qui ont exercé une influence beaucoup moindre sur la condition de toutes les classes que celle qui suivrait cette pacifique levée de boucliers.

Il serait difficile de concevoir une mesure qui fût une plus puissante garantie d'ordre intérieur et de sécurité publique ; car les masses ne sont disposées à l'émeute que lorsqu'elles souffrent ; des imaginations égarées qui iraient prêcher la sédition à des populations abondamment pourvues de travail et vivant par conséquent dans l'aisance, n'obtiendraient que la pitié ou le mépris.

Il serait difficile de concevoir aujourd'hui une plus irrécusable ratification de la paix de l'Europe. Car, lorsqu'à la demande du gouvernement français, les banquiers de Paris, de Londres, de Francfort, de Hambourg et de Bâle, auraient commandité l'industrie française de 3 milliards 600 millions, ils se refuseraient certainement à commanditer Nicolas ou tout autre empereur pour guerroyer contre la France. Il y a quelques mois M. Rothschild ayant commandité le roi Léopold de quelques dixaines de millions, les hommes qui ont le sens des affaires n'ont plus douté du maintien de l'indépendance belge. Que serait-ce, s'il s'agissait, non d'un état éclos d'hier, mais de la France ; non d'un seul banquier très-considérable, il est vrai, mais de la généralité des banquiers ; non de quelques dixaines de millions, mais de plusieurs milliards ?

Ainsi va notre politique toujours se déroulant et s'éclaircissant. Dans nos rapports avec les partis, tous les jours nous sentons mieux la vie propre de chacun. Sous le rapport de la régénération industrielle, tous les jours nous définissons plus nettement le plan des travaux, l'organisation des travailleurs, la nature et le gîte des ressources au moyen desquelles nous en opèrerons la réalisation. De plus en plus le monde se saisit de nos doctrines et de nos personnes. La conception morale de notre PÈRE ENFANTIN l'a mis en haleine, car il en a été remué au fond du cœur, il nous court sus, mais ce sera pour nous embrasser. Cependant hors de nous tout n'excite que froideur, tout se dissout. En vérité notre jour arrive à grands pas; et hier soir voyant dans les salons de notre PÈRE, parmi une assemblée brillante et animée, plus de deux cents polytechniciens de tous les âges, les uns à cheveux blancs, les autres revêtus de leur glorieux uniforme, plusieurs se disaient déjà : « Quelle est donc la destinée de ces hommes » qui ont puissance d'attirer à eux la fleur de la France? D'où » vient celui qui est leur lien, envers lequel ils se font gloire » de pratiquer l'obéissance et le dévouement? où va-t-il? »

M. C.

LE CHOLÉRA.

ASSAINISSEMENT DE PARIS.

2 avril 1832.

Voici donc le choléra dans la capitale de France! Depuis deux ans, à travers deux parties du monde, il a fait sa route d'une remarquable manière.

Les Indes sont le berceau du choléra, pour ces belles et tristes contrées, le choléra n'est pas un fléau passager, renaissant à distance de siècles. Hôte aussi vieux que toutes les traditions des misérables cultivateurs des rivières du Gange, de l'Indus, du Brahmapouter, le choléra, comme le tigre, prend parmi eux ses victimes sans résistance, incessamment engendré par les vastes débordemens de ces fleuves, les plus beaux du monde peut-être, fleuves que l'Indien adore même en leurs écarts, ne sachant pas contenir dans leur lit ces eaux vagabondes qui lui apportent la mort. C'est de là que le choléra nous est venu; c'est de ce pays d'esclavage et de fétichisme qu'il s'est levé, afin d'apprendre en son temps aux peuples qui ne savent de l'Inde que ses richesses, sa fécondité, son riz et ses cachemires, ce que c'est que ce fléau compagnon du fétichisme et de l'esclavage.

Et c'est le long des fleuves qu'il a voyagé d'abord, le long des fleuves habités par des populations qui ne veulent plus les adorer et ne savent pas encore les contenir. Le Volga, le Dnieper, puis la Vistule, l'ont conduit au sein de ces nations sur lesquelles pèse le servage et le christianisme le plus arriéré. Mais déjà parmi ces peuples, parce que la classe la plus nombreuse y possède de Dieu et de l'homme une notion plus élevée, plus large que sur les bords des fleuves indiens, et qu'elle y est moins misérable, le choléra emporte moins de victimes et se manifeste par des symptômes moins effrayans, par des douleurs moins énergiques. En vain, et comme pour le défier, des armées luttent au sein du fléau; les médecins de France et d'Allemagne s'attaquent au monstre corps à corps, et dans les hôpitaux encombrés d'Ostrolenka et de Varsovie, mêlant le sang des cholériques à leur sang, ils apprennent à ces populations guerrières, qui n'avaient d'admiration que pour le courage du sabre et de la lance, ce que c'est que le courage calme et pacifique, le courage de l'avenir. Ces enseignemens ne seront pas perdus.

Puis sur les terres d'Allemagne bondit çà et là le fléau, vagabond à travers ces nations qui en sont au libre examen en matière de croyances religieuses, et à la liberté individuelle en matière politique. Là plus de fleuves à débordemens, plus de ces vastes champs abandonnés de la main de l'homme. Le choléra ne voyage plus le long des marais et des inondations; il suit le commerce, les navires, et touche presque du même coup Dantzick, Hambourg et Sunderland. Mais, ainsi conduit par l'homme, le choléra semble comme reculer devant son maître; au lieu de ces populations d'Asie qui devant lui courbent la tête, de plus en plus il se voit bravé, combattu en Europe, et de plus en plus sa marche devient incertaine, et sa fureur moins redoutable. Cependant, par un dernier bond imprévu, inouï, il vient de passer de Londres à Paris, de la capitale du pays qui peut encore supporter la taxe des pauvres, sur la capitale où les prolétaires de juillet combattirent et refusèrent le prix de leur sang.

LE CHOLÉRA A PARIS.

Cette apparition si rapide, si inattendue du fléau, est de nature à frapper vivement l'imagination du peuple de Paris. Qu'on n'oublie pas que l'hygiène de cette ville est très-inférieure à celle de Londres, et que les ravages du choléra y doivent être certainement plus grands que dans cette dernière cité, ou d'ailleurs il a été presque inoffensif. Londres n'offre rien d'aussi malsain, d'aussi misérable qu'une partie des quartiers qui avoisinent la Seine.

Toutefois, s'il est vrai que l'état hygiénique de Paris soit une cause de progrès pour le mal, il faut se rappeler aussi que nul peuple n'est plus susceptible d'enthousiasme, de gaîté, de courage, que le peuple de Paris lorsqu'une haute pensée l'anime. Qu'un grand but soit assigné à son activité, qu'il soit appelé à de vastes travaux ; qu'il sente chez ceux qui le gouvernent de la fermeté, de l'énergie, une volonté inébranlable d'améliorer son sort ; qu'un vaste programme d'entreprises utiles, fécondes, lui soit déroulé, et on ne le verra plus sur les places, morne, silencieux, se demander d'où vient le choléra, quelle main lui envoie ce fléau si imprévu, et quelle main sera assez puissante pour l'arrêter. Ce peuple qui s'enivrait à l'odeur de la poudre, que le sifflement des balles soulevait il y a dix-huit mois tout frémissant d'ardeur, et qui aujourd'hui tremble même devant un danger dont il ignore la nature et la cause ; ce peuple qui aime les grandes choses, ce peuple si artiste et si brave, donnez-lui, donnez-lui une grande œuvre à faire, et vous le verrez devant le choléra ce qu'il fut devant les balles des Suisses, ce que la légion parisienne, cette légion des *petits hommes* pâles et maigres, fut à la promenade de l'Atlas et de Belidah; vous le verrez héroïque et dévoué, bravant le péril gaiement et de sang-froid, accomplissant la tâche qui lui aura été donnée avec une incroyable activité, et une indifférence non moins incroyable de ce fléau que grossissent à ses yeux les moyens mêmes que l'on emploie pour le combattre.

De tant d'instructions médicales qui lui sont répandues, affichées de toutes parts, sur les moyens de se préserver du choléra, que peut conclure le peuple en effet, si ce n'est que les riches seuls peuvent employer ces moyens que la misère lui interdit? De cet ordre du jour du ministre de la guerre faisant distribuer aux troupes en garnison à Paris des rations plus abondantes et des vêtemens plus chauds, que peut conclure le peuple, si ce n'est qu'une nourriture plus saine et de meilleurs vêtemens sont nécessaires contre le fléau qui pèse sur lui? et quels moyens lui offre-t-on de s'acheter des vêtemens et de se procurer plus de nourriture?

Et ce n'est pas l'aumône qu'ici je demande pour le peuple.

Je le répète, ce qu'il faut aujourd'hui au peuple ce sont de grands travaux qui puissent à la fois fortement agir sur son imagination, satisfaire son amour du grand, son désir du beau, et calmer en même temps sa misère. La France et Paris doivent aujourd'hui un grand exemple au monde et une magnifique réponse à l'Asie. Que l'Inde apprenne de nous comment se combat le fléau qui pèse sur elle si impitoyable, et qu'elle nous a envoyé; qu'elle apprenne que pour en préserver le peuple de la première ville de l'Europe, on l'a appelé à réaliser de superbes travaux; et le jour où l'Inde saura comment a fait la France ne sera pas loin du jour où l'Inde voudra l'imiter.

Or ces projets, d'une incontestable utilité, dont l'exécution même est une puissante garantie contre le fléau, et dont la nature est telle qu'ils pourraient fortement agir sur l'esprit du peuple de Paris ; ces projets existent depuis long-temps, ils ont été l'objet de longues études ; pour les exécuter aujourd'hui il ne s'agit plus que de vouloir.

EAUX DE PARIS.

En première ligne est ce projet d'une distribution générale d'eau dans Paris, sur lequel nous avons déjà donné dans le *Globe* des renseignemens étendus (1).

De l'eau pour le peuple de Paris! de l'eau sur les places, dans les rues, les maisons, à tous les étages; des fontaines jaillissant de tous côtés, et répandant dans l'atmosphère une salutaire fraîcheur! De vastes bains non-seulement pour les riches, mais pour le peuple! des bains gratuits où il puisse venir se reposer de son travail, et retremper ses membres alourdis par la fatigue, inondés par la sueur! Voilà le meilleur, le plus beau, le plus sûr de tous les préservatifs contre une épidémie, fût-elle dix fois plus active, plus redoutable, que ne peut l'être le choléra.

L'exécution de ce projet permettrait aussi de doter la ville d'un système général d'égouts. La pose des tuyaux conducteurs de l'eau à distribuer nécessite dans toutes les rues des travaux de terrassement qu'il est tout naturel et très-économique de combiner avec les travaux et les terrassemens nécessaires pour l'établissement des égouts. Cette seconde entreprise est d'ailleurs la conséquence immédiate de la première. Jeter à la surface de la ville une grande abondance d'eau fraîche et pure pour tous les besoins de l'hygiène et de la consommation, et, immédiatement après l'usage, absorber cette eau dans des voies souterraines qui l'entraînent hors de l'influence si rapidement désorganisatrice de la chaleur et de l'atmosphère ; tel doit être, pour être complet, le système de distribution d'eau dans une ville.

(1) Voir le Globe du 30 mars.

Des propositions très-avantageuses ont été faites à la ville de Paris pour l'exécution simultanée des deux entreprises. Si la ville ne se croit pas capable d'exécuter rapidement, et par elle-même, ces deux projets, si elle pense devoir en confier l'exécution à une compagnie (et malgré tout ce que ce système offre d'imparfait, c'est encore celui qui devrait aujourd'hui obtenir la préférence), qu'elle se hâte donc de mettre un terme à des difficultés véritablement misérables, dont on a surchargé jusqu'ici les négociations avec les compagnies.

RUE DU LOUVRE A LA BASTILLE.

Ce vaste percement à travers les quartiers les plus malsains, les rues les plus étroites, les maisons les plus mal bâties de Paris, est depuis long-temps projeté. Les plans en furent soumis à l'Empereur, la campagne de Russie empêcha de les mettre à exécution.

Cette magnifique rue, parallèle à la Seine, ouvrirait un débouché qui tous les jours devient plus nécessaire pour la circulation si active de ces quartiers; elle y jetterait de l'air et de la lumière ; elle passerait à peu de distance de cette rue de la Mortellerie, qui a fourni au choléra ses premières et ses plus nombreuses victimes.

L'imperfection notable, patente, de la loi actuelle d'expropriation, a depuis la restauration empêché l'exécution de cette entreprise. La Ville de Paris, toutes les fois qu'elle a essayé des travaux de cette nature, a subi de la part des tribunaux une application exorbitante de cette loi ; l'intérêt de la propriété l'a si étrangement emporté sur l'intérêt public dans l'esprit de juges complètement en dehors du mouvement et des besoins de la société, par l'abstraction constante où les jettent la loi morte et les cinq Codes, que la commune doit reculer épouvantée devant tout projet important d'élargissement ou de percement de rues. L'élargissement du boulevard

St-Martin, si long-temps empêché par un seul propriétaire qui, après avoir obtenu jugement contre la ville, célébra sa victoire par une large inscription, dont il entoura les vieux murs de sa maison, atteste les difficultés que dans l'état actuel des choses rencontrent des entreprises de la nature de celle que nous signalons ici.

Mais si au lieu de chercher à *exproprier* les propriétaires, la ville cherchait à les *associer*, et savait leur montrer l'immense intérêt que tous auraient à l'exécution de l'entreprise, toutes difficultés seraient levées, ou du moins les cas d'expropriation seraient tellement réduits, que rien ne s'opposerait plus à la réalisation de ce projet, l'un des plus utiles sans aucun doute qui puissent être conçus dans l'intérêt de la population parisienne.

Nous ferons connaître nos vues sur les moyens d'opérer une association entre les propriétaires intéressés à cette grande entreprise.

ASSAINISSEMENT DES QUARTIERS AVOISINANT LA SEINE.

Les quartiers qui avoisinent la rivière ne peuvent être assainis que par la destruction de la presque totalité des maisons dont se composent la Cité, les quais et toutes les petites rues adjacentes. Mais pour opérer ce changement il faudrait que la ville prît enfin la résolution de ne plus permettre le stationnement des bateaux sur la rivière, et d'ordonner que le stationnement, et par conséquent toute la manutention des marchandises, eût lieu sur le canal Saint-Martin, au bassin de la Villette, à la gare de Grenelle, à Berci, à la gare Saint-Ouen; en un mot, sur les ports nouvellement construits dans ou hors de Paris. Si cette mesure était prise enfin, toute la population des ports, cette population la plus pauvre, la plus faible de Paris, serait conduite à chercher de nouvelles habitations, et une bonne partie même quitterait l'intérieur de la ville pour aller habiter la banlieue, où elle trouverait pour le même prix que celui qu'elle paie aujourd'hui des logemens plus sains et mieux aérés. Cette détermination prise par l'autorité municipale permettrait d'ailleurs d'enceindre entièrement la rivière de quais, et de supprimer les ports qui sont tous aussi malsains qu'incommodes. La rivière alors, dans l'intérieur de Paris, serait complètement dégagée de tout encombrement de bateaux ; on pourrait songer enfin à embellir les bords, ainsi que les essais faits autour des bains Vigier attestent qu'on peut le faire, et les quais deviendraient la promenade la plus saine et la plus agréable de Paris.

Je montrerai très-prochainement d'ailleurs comment la ville pourrait, avec une dépense peu importante, abattre tous les quartiers avoisinant la rivière et les remplacer par des constructions aussi saines qu'agréables, en même temps qu'elles seraient d'un rapport supérieur à ce qui existe aujourd'hui.

Mais lors même que cette entreprise devrait être l'objet d'un sacrifice important, certes l'utilité en est assez démontrée aujourd'hui. Le choléra va rendre populaire la statistique de mortalité de tous les quartiers de Paris, et bientôt tous sauront, par suite de l'attention qu'excite l'épidémie, ce que l'autorité savait depuis long-temps, et ce que son incurie ou son impuissance ont laissé dans l'oubli : savoir, une énorme disproportion dans la mortalité des quartiers avoisinant la rivière, par rapport aux quartiers dont les rues sont plus larges, et les appartemens plus aérés. Quand ce fait sera bien connu de tous, la ville où l'état sans doute alors ne reculera pas devant les sacrifices à faire pour faire disparaître ces quartiers, véritables foyers d'une épidémie permanente. Mais, je le répète, des combinaisons peuvent être adoptées qui réduisent de beaucoup l'importance du sacrifice.

Et maintenant qu'on suppose que tout ou partie des travaux dont nous venons de parler fût arrêté par l'autorité, et que la nouvelle en fût portée au peuple ; qu'on lui fît comprendre non seulement l'utilité immédiate qu'il en recueillerait, mais encore l'enseignement qui doit en résulter pour toutes les nations, pour celles même qui, bien que les plus éloignées, ont déjà admiré la France pour sa gloire militaire, et ne tarderaient pas à la bénir pour avoir la première compris la gloire pacifique ! De quel enthousiasme ne pourrait-on pas animer ce peuple si bon, si généreux ! Avec quelle ardeur ne le verrait-on pas courir à ces travaux, alors qu'on aurait su y attacher pour lui utilité et gloire !

N'est-ce pas pitié qu'à ce peuple sur qui vient tomber un fléau inattendu, nul encore n'ait eu puissance de faire entendre une voix qui le console, l'élève, l'inspire. De prescriptions médicales, de lavages de ces rues où jamais ne pénétra le soleil, de visites des toits sous lesquels il couche, il en a déjà bien assez, grand Dieu ! Mais de travail, mais de gloire, il en a besoin : que lui en promet-on ? Mais d'avenir, mais de morale, mais de religion, il en a soif ? Que peuvent lui en dire les hommes qui le gouvernent ? Quels temples lui ont donc été ouverts afin qu'il pût y entendre ses chefs parlant à DIEU du choléra ? Que sait-il de cette communion de tant de peuples par tant de douleurs ? Qui sait lui montrer là le doigt de Dieu, la volonté de la Providence ? Ah ! quelle est cette société qui, lorsque l'épidémie lève la tête, n'a à lui opposer que des réglemens médicaux, et ne sait plus qu'effleurer à peine *la chair* alors qu'il faudrait si puissamment agir sur *l'esprit* et sur *le* cœur

STÉPHANE FLACHAT.

LE CHOLÉRA-MORBUS.

9 avril 1852.

Un horrible fléau est descendu sur Paris. Issu de la misère, il menace l'opulence d'une horrible mort. Dans les classes
élevées les uns fuient ; comme si partout il n'y avait pas la
misère hideuse, et que la misère n'engendrât pas le choléra ;
d'autres plus nombreux restent pour conjurer le mal, et
parmi ceux-ci on distingue au premier rang le roi Louis-Philippe et les siens. Tandis que tous les autres rois ont déserté
leurs capitales à l'approche du fléau, il n'a pas hésité, lui, à
demeurer à son poste, et il a envoyé son fils aîné consoler
par sa présence les infortunés que le fléau avait atteints. C'est
un fait qui n'a pas été assez signalé par la presse. Il ne s'a-
gissait certainement pas des pestiférés de Jaffa ; mais après
l'exemple qu'ont donné les têtes couronnées du reste de l'Europe, il y avait dans ce fait notable courage. Il faut être juste
envers tout le monde, même envers les princes et fils aînés
de rois du juste-milieu. Si Henri V à Londres et Napoléon II
à Vienne eussent fait ce que vient de faire à Paris le duc

4.

d'Orléans, il y a des journaux, il y en a plusieurs, qui eussent crié merveille à tue-tête.

A part ce qu'il y a de digne d'éloges dans la conduite personnelle de Louis-Philippe et de sa famille, le gouvernement français n'a pas mieux compris que les autres gouvernemens européens le rôle à jouer en face du choléra ; et il est plus repréhensible que les autres, parce qu'il avait à profiter de l'expérience multiple qu'il avait eue sous les yeux.

Il n'a rien fait pour *prévenir* le mal qui s'avançait imperturbablement ; il n'a songé qu'à le *réprimer* quand il a eu envahi la France. Vainement le choléra a fait une halte en Angleterre avant de mettre le pied sur le sol français, afin de convier le gouvernement à chasser la misère dont il fait sa pâture. On n'est pas sorti de la vieille politique constitutionnelle ; on a rabâché la restauration.

Le choléra à Londres, cela voulait dire : « La population
» française est misérable ; elle manque de travail ; la faillite poursuit les maîtres, la faim harcèle les ouvriers. Les
» uns sont dévorés d'inquiétude ; la privation démoralise les
» seconds. Mettez-y un terme, et à cette fin provoquez à
» l'intérieur un grand mouvement industriel. C'est d'ailleurs
» la meilleure garantie de paix universelle qui puisse subsister. Hâtez-vous donc ; convoquez les capitalistes, faites
» un appel aux banquiers de tous pays. Vous les déciderez
» certainement à mettre en circulation telle masse de capitaux
» que vous voudrez si vous leur promettez une prime de deux
» à trois pour cent d'intérêt pendant dix, quinze ou vingt
» ans. La dotation de la caisse d'amortissement appliquée à
» cet usage vous donnerait le moyen de lancer ainsi dans l'industrie près de QUATRE MILLIARDS. Cette somme
» consacrée immédiatement à l'établissement d'un système
» de chemins de fer, d'un système de canaux et d'un système
» de banques, par exemple, produirait en France une exci-

» tation morale de confiance et d'espoir, qui serait le meil-
» leur de tous les préservatifs contre le choléra. Ce serait la
» fin de la misère qui entretient le choléra, ce serait la sub-
» stitution de l'ordre à un désordre industriel plus meurtrier
» que le choléra. »

Le choléra à Londres cela voulait dire pour le gouvernement français : « L'hygiène publique est détestable. L'espèce
» humaine dépérit, s'atrophie. Le temps est venu où les peu-
» ples doivent, sous peine d'une mort hideuse, soigner leur
» *corps* à l'égal de leur *esprit*; où la sollicitude des gouver-
» nans doit embrasser aussi bien le développement *matériel*
» de la race humaine que son développement *rationel*, et s'oc-
» cuper autant du vêtement des gouvernés, de leur nourri-
» ture, de leur gymnastique, de leur *chair* enfin sous toutes
» les formes, qu'il s'occupe ou qu'il est censé s'occuper de
» leur *intelligence.* »

Le choléra à Londres, cela voulait dire encore pour le
gouvernement français: « La France se perd dans le dédale
» de la légalité; les projets les plus sages avortent, vu les exi-
» gences de l'ordre légal. A Paris des travaux d'assainissement
» et d'embellissement de la plus haute dimension, tels que
» l'établissement d'une distribution d'eaux abondantes, la
» construction d'un système d'égoûts, le percement d'une rue
» du Louvre à la Bastille, tout cela est impraticable sous
» l'empire de la législation existante. Tout grand travail de
» communications à travers la France est par la même raison
» impossible; car, grâce à l'ordre légal, le premier venu a
» le droit d'en suspendre l'exécution pendant quatre ans. Il faut
» modifier les lois ou sauter par-dessus. Quelques cervelles
» étroites crieront: *Au coup d'état!* Mais il n'y a de coup d'état
» dangereux que celui qui est contre le progrès. L'homme qui
» relèvera l'industrie de sa détresse sera un grand homme eût-
» il agi par coup d'état. A l'œuvre donc, malgré les formalités
» de l'expropriation. Indemnisez largement les propriétaires,

» mais expropriez-les largement sans égard pour la chicane.
» Qu'immédiatement en cent endroits de Paris les travail-
» leurs commencent ; qu'aux barrières les chemins de fer sor-
» tent de terre. Que ce soit comme au Champ-de-Mars en
» 89, que tous prennent à honneur de manier la pelle ou la
» pioche, la truelle ou le marteau. Que le roi et les hauts
» fonctionnaires donnent l'exemple. Que des fêtes publiques
» signalent cet essor créateur ; que la musique et tous les arts
» excitent les travailleurs et leur inspirent un saint enthou-
» siasme, et la population ne donnera pas prise au mal. »

Mais le gouvernement ni ses adversaires de toute opinion
n'ont rien compris à l'approche du fléau. On a continué à ba-
varder sans rien conclure, sur le budget, sur Ancône, sur
Grenoble, et on a établi un lazaret à Calais, comme si
l'on ignorait que jamais ces sales demeures n'ont arrêté aucun
fléau.

Le choléra est arrivé à Paris. En peu de jours il est devenu
effrayant. Tout Paris s'est ému ; mais on n'a rêvé que médi-
camens, que pansemens, qu'hôpitaux, que postes de secours. On s'est donné un mouvement infini pour les malades, et l'on a bien fait ; mais quant à ceux qui se portent encore bien, c'est-à-dire quant à l'immense majorité, on n'en
a nul souci, ou du moins on n'a su que leur distribuer de
très-faibles aumônes très-temporaires, sans songer que ce
qu'il importait c'était de les mettre en position de n'avoir pas
besoin d'aumônes ! On leur a distribué, comme infaillible re-
mède, du camphre, du chlorure de chaux ; comme si le chlorure de chaux guérissait des souffrances mortelles et des pri-
vations qui suivent la banqueroute et la concurrence,
comme si le camphre était un spécifique pour obtenir du
travail !

Les corps savans ont été consultés, chacun a apporté sa
recette pour guérir les malades. Un nuage de mémoires a
crévé sur l'Académie des sciences et l'a inondée. Pendant ce

temps les malades ne mouraient pas moins, et les bien-por-
tans tombaient malades. Tout-à-coup un célèbre docteur a
proposé qu'on analysât l'air de Paris. Pour quiconque est
au courant des opérations chimiques, c'est une mystification.

Les femmes des classes élevées ont pris à tâche de ne pas
faire rougir leurs maris de l'étroitesse de leurs vues. Elles se
sont mises à fabriquer des gilets de flanelle et des chaussons
de laine. Les journaux annoncent fastueusement que l'*atelier*
de madame la baronne de.., composé de mesdames les mar-
quises de..., de mesdames les duchesses de... et mesdemoiselles
de..., a envoyé à la mairie de son arrondissement plusieurs
douzaines de paires de bas, de gilets, de chaussons et de
ceintures. C'est pitoyable. Si ces dames allaient voir ce qu'est
un atelier véritable, ce que sont les malheureux et les mal-
heureuses qui y sont entassés, qui s'y épuisent, qui s'y cor-
rompent, il leur viendrait probablement à l'esprit qu'il y a
mieux à faire pour les femmes privilégiées que de jouer au *travail*. C'est insulter aux *travailleurs* que d'appeler *atelier* un bou-
doir doré où l'on vient consumer à coudre avec distraction et
affèterie une activité qu'on devrait et qu'on pourrait employer
à une large amélioration du sort des hommes et des femmes des
classes inférieures. La femme des classes élevées porte un
joug qui lui pèse, elle est lasse d'être la propriété de l'homme,
d'être, comme dit le Code, *en puissance* de mari ; mais elle
ne s'émancipera qu'à la condition d'émanciper elle-même le
fils et la fille du peuple. — Qui croient-elles donc émanciper
par ce jeu d'esclave qui consiste à découper des gilets de
flanelle et à tricoter des chaussons ?

Ainsi il y a eu dans la société tout entière qui nous entoure
une effrayante unité d'impéritie et d'aveuglement. Que leur
faut-il donc, grand DIEU! pour qu'ils comprennent que ta
volonté sainte est le PROGRÈS DU PEUPLE? Tu leur as donné
le terrible enseignement de Lyon, il a passé sans qu'ils y
aient rien compris; tu leur as donné celui de Grenoble, et ils

l'ont à peine signalé comme un pâle météore à l'horizon. Si le choléra ne suffisait pas à leur révéler la loi, au milieu de quels éclairs et de quels tonnerres faudrait-il donc que tu te montrasses à ces obstinés?

M, C,

PARIS.

— ◦ —

11 avril 1832.

TRAVAUX PUBLICS. — FÊTES.

Certes c'est pour nous une manière vivante d'étaler nos promesses, notre programme, que de nous porter en un temps et en un lieu où ces promesses seront une réalité. C'est une occasion d'attacher à nous la vue du monde, et de lui montrer qui nous sommes, que de lui parler comme s'il eût remis aux mains de NOTRE PÈRE le gouvernement de sa vie, et promenant ses regards sur les illusions que dans son déclin il embrasse et rejette tour à tour, lui faire ainsi juger toutes choses et toutes personnes à la mesure des bienfaits qu'il en peut attendre.

Eh bien! que ce soit aussi une occasion féconde pour le pouvoir qui peut tant de choses pour la masse d'agonisans qui s'abandonnent à lui, et dont le plus grand tort est de ne pas *oser;* que les inspirations de NOTRE PÈRE, qui se sont fait jour à travers la presse et ont paru à la tribune quoique voilées, pénètrent au cabinet des ministres, dans le conseil du roi. Qu'elles soient pour tous les fonctionnaires de l'administration, des finances, de l'armée et de la justice, dont la patience ne peut tenir à ce continuel roulis entre les deux écueils du mécontentement populaire et ministériel, de l'émeute et de la destitution ; qu'elles soient pour eux comme une nouvelle lumière qui les éclaire, qui les guide, leur rende le courage et la dignité, et leur fasse envoyer des étincelles de vie au foyer de ce grand corps administratif chargé de la prévoyance et des prospérités publiques, qui croise les bras, oublie sa tâche et ne sait pas seulement *qui il est.*

Que le monde comprenne donc ce que deviendrait la France si un pouvoir vraiment saint, ayant la clé des sympathies prêtes à surgir du fond de tous les cœurs, initié à la puissance d'énergie pacifique des peuples européens et de la France en particulier, mettait la main au trésor des découvertes et des procédés de la science et de l'industrie, et donnait de sa vie l'impulsion à ce peuple rongé de malaise et de maladie, et qui succombe épuisé sous mille fléaux, parce que nul ne l'entraîne à l'œuvre que Dieu lui a donné mission d'accomplir !

Voici quel serait le premier acte d'un semblable pouvoir :

PROCLAMATION.

« France, réveille-toi ! Reprends courage, lève les bras en
» signe de force ! Voici la bannière de l'alliance des peuples !
» Tu es élue, et tu vas verser sur le monde les fêtes et s
» travaux d'un patriotisme universel ! »

« Paris va s'organiser comme métropole du globe. »

« Paris va revêtir la forme la plus convenable pour l'accom-
» plissement de la haute mission que le passé lui a attribuée,
» et que l'état présent des populations d'Europe, d'Asie, d'A-

» frique et d'Amérique, vivant sous la loi de l'Evangile et du
» Coran, lui assure de nos jours. »

«Paris va se constituer centre d'apostolat et de propagation
» pacifique de tous les sentimens d'association et de sociabilité;
» il va se constituer foyer de vie pour le monde, et rattacher à
» ses voies principales dans un bref délai l'appareil le plus per-
» fectionné de circulation intérieure et extérieure pour faciliter
» la centralisation de tous les progrès humains, leur diffusion
» et leur application chez tous les peuples. La population pari-
» sienne et celle des départemens sont appelées directement à
» constituer les premiers travaux de cette colossale entreprise,
» et à prendre part aux fêtes qui leur imprimeront le caractère
» religieux, afin de donner l'éveil aux partis qui s'aigrissent de
» plus en plus dans leurs vaines querelles, et aux nations
» voisines, qui souffrent, soupirent et regardent la France. »

PREMIERS TRAVAUX.

» L'armée se forme sur un pied de paix et de création industrielle. Les cadres des régimens de ligne serviront à l'organisation des compagnies de pontiers, terrassiers, maçons,
charpentiers, forgerons.

» Un congé illimité et la solde d'une année sont accordés
à tous les militaires des divers grades qui ne voudront point
faire partie de la nouvelle organisation. Appel est fait à tous
les praticiens des diverses industries à titre d'ouvriers, contre-
maîtres, directeurs ou chefs des travaux, de venir s'enrôler
sous le nouvel étendard de l'association universelle.

» Les enrôlemens, exercices et évolutions relatifs à l'organisation de l'armée pacifique des travailleurs commenceront
sur quatre emplacemens principaux qui serviront de points de
départ aux quatre grandes voies qui de Paris conduiront au
Havre, à Nantes, Strasbourg et Marseille.

» Le premier camp se formera sur les flancs de la butte Chaumont et le long du canal, et les travailleurs qui s'y réuniront auront sans cesse sous les yeux la présence de l'Europe orientale et seront exaltés par la joie et la gloire immortelle d'être les premiers messagers de paix et de porter enfin une main amie à l'Allemagne centrale qui nous tend les bras, à cette Prusse et à cette blanche Russie contre lesquelles nous avons si long-temps croisé le fer, et qui vinrent nous demander compte du sang dont nous avions rougi leurs plaines, jusque sous les canons de cette même butte d'où descendront désormais les trésors de l'industrie, des arts, et les épanchemens d'une fraternelle association.

« Le second camp sera planté dans la plaine de Montrouge; et tous ceux dont le cœur se dilate le plus au nom sacré de liberté, ceux qui ont sympathisé fortement avec la grande œuvre de nos pères, ceux qui ont si impatiemment supporté l'hypocrisie et le jésuitisme forcé de la restauration, seront enflammés par la pensée de consacrer au travail et au développement de toutes les sympathies généreuses du peuple, cette place qui fut si long-temps un foyer de terreur pour les libéraux; ils auront sans cesse sous les yeux Nantes, Bordeaux, et cette Amérique révolutionnée et pantelante d'anarchie, dont les populations d'ébène et de cuivre appellent à grands cris les secours de notre expérience, de nos bras et de notre enthousiasme.

« Le troisième camp s'établira sous les murs de Villejuif; et tous ceux qui sont brûlans de charité et de philantropie viendront s'inspirer de la vue et du contact de Bicêtre, geôle de toutes les douleurs et de toutes les souillures, où l'on n'entend dans le silence des nuits qu'un bruit de fers et de longs gémissemens; et de la présence de Toulon, qui lui répond à l'autre extrémité de l'empire, comme un écho de misère, ils s'enflammeront de la sublime pensée qu'ils vont par le travail de leurs mains percer au cœur cette Afrique et cette Asie qui s'étalent au sein des mers comme une large plaie de servitude et de barbarie, et détruire enfin l'esclavage dans son dernier repaire.

Le quatrième camp s'appuiera au bois de Boulogne, sur les rives de Neuilly, sur les hauteurs de Passy; ayant au centre l'arc de l'Etoile, laissant à sa gauche Versailles, à sa droite Saint-Germain, ayant en arrière les Champs-Elysées, les Tuileries, le Louvre, et au-devant Rouen, le Havre et l'Angleterre populeuse, atelier central de toutes les colonisations et des gigantesques établissemens terrestres; l'Angleterre qui n'attend qu'un Bonaparte pacifique pour se lever dans son faste et sa majesté. Là viendront ceux qu'enflamma toujours l'apparition des colossales entreprises, qui ont l'instinct de la puissance et de la noblesse du génie, en qui vit le souvenir des Colomb, des Louis XIV et des Napoléon, et qui poussent l'enthousiasme et le culte des grands hommes jusqu'à l'adoration. Ils chanteront à l'avance la nouvelle croisade pacifique qui ira porter la fécondité et la beauté sur toutes les îles et tous les continens, et ils s'élanceront, reine des mers, vers les navires.

En même temps que l'organisation, les enrôlemens et évolutions préparatoires auront lieu aux quatre barrières de l'ouest, de l'est, du nord et du midi, deux corps d'ingénieurs prendront position à la Madeleine et au Panthéon, qui leur seront livrés pour le tracé et l'exposition des plans.

Au fur et à mesure de l'enrôlement des travailleurs et de la transformation des bataillons en compagnies industrielles, et dans l'attente du tracé des plans des premières têtes de routes conduisant à Saint-Germain, Meaux, Fontainebleau, Orléans, il sera procédé directement à la démolition et à la reconstruction de toute la partie centrale de Paris, composant la Cité, les quartiers Saint-Jacques, Saint-Marceau, le pâté compris entre la rue Poissonnière et la vieille rue du Temple, et les parties les plus encombrées du quartier Saint-Antoine.

« Les premiers bataillons industriels seront employés à opérer avec ordre le déplacement de la population nécessiteuse de cette portion boueuse et malsaine de la capitale ; elle édifiera aux flancs de Paris les habitations qu'il faudra ajouter à celles déjà construites et encore désertes ; elle y effectuera le transport des marchandises et ameublemens ; elle construira de Bercy à Charenton et de Passy à Sèvres les ports, qui seront remplacés dans l'intérieur de Paris par de vastes cours ombrageant la Seine de leurs plantations et sillonnés d'une route en fer qui suivra le cours de l'eau de Bercy à Passy, points d'appui de deux nouvelles routes en demi-cercle qui serviront de lien à toutes les barrières en remplaçant les ridicules murailles d'enceinte par une voie large et rapide de communication.

« Sur l'emplacement du terrain déblayé des quartiers étouffés, humides, infects, seront érigés de vastes bâtimens aérés, présentant aux deux rives de la Seine des fronts où rayonne la joie des nouvelles destinées de la France et de l'Europe. L'île de Notre-Dame tout entière sera convertie en une riante promenade, où les populations centrales de la métropole de l'association pacifique puissent venir sans fatigue respirer la fraîcheur, à chaque retour du soleil de juillet. Un bois sombre couvrira les meurtrissures que fit en s'écrasant le palais de l'archevêque sur les murailles de la cathédrale. »

FÊTES PUBLIQUES.

Tous les artistes de France sont appelés à célébrer par leur enthousiasme la royale entrée du peuple élu dans la nouvelle carrière de gloire et de richesse qui s'ouvre pour le monde. Que tous les théâtres se réunissent, que tous les génies aimés du peuple s'inspirent. Béranger, chante ! Charlet prend tes crayons ! Que la danse, la poésie, la musique et le drame, le marbre et les couleurs, que tous les prestiges et toutes les séductions exaltent à l'avance les joies qui vont surgir de ce premier camp des travailleurs, dont le bruit et l'éclat feront lever la tête à toutes les nations endolories, leur mettront un sourire de bonté sur le visage, et seront un signal de communion pour l'Europe.

« Au Champ-de-Mars, le mouvement des chevaux, Franconi et sa troupe, le cri des fanfares, les longues évolutions des cohortes des travailleurs repliant et faisant défiler leurs lignes enluminées d'éclatantes couleurs sur lesquelles flotte le nouvel étendard ; ici les jeux d'adresse et de force : Amoros, madame Saqui, Garnerin et ses ballons, qui nagent majestueusement entre le ciel et la terre : là sur des rainures d'acier, de lourds chariots volant comme des flèches et donnant en spectacle au peuple l'avenir que son bras va créer. Ah ! donnez-lui le spectacle de peuples barbares et misérables, vainqueurs et vaincus, Russes et Polonais ; figurez sous ses yeux leurs guerres acharnées, et qu'au milieu de feux croisés, sifflant, fouettant l'air, se brisant en éclats et tombant en une rosée d'étoiles ; qu'au milieu de flammes, jaunes et bleues, allongeant leurs langues en spirales à travers un nuage de noire fumée, on voie plus rapide qu'un oiseau s'avancer la caravane des travailleurs, ambassade de paix avec ses chœurs nombreux et ses danseuses parées ; que l'on voie les vaincus reprendre espoir, les hordes de houlans immobiles, muettes, séduites, laisser tomber leurs armes ; et tous, vainqueurs et vaincus, entonner l'hymne de confédération universelle, et du milieu des tourbillons de danses et de valses ; consacrer à l'œuvre commune leurs mains pacifiées.

« Au Louvre les magnificences de la danse, des décors et du chant ; qu'une tente bariolée soit suspendue aux plates-formes et change la vaste cour en une salle où régneront les Meyer-Beer, les Rossini, les Scribe, les Duponchel, les Taglioni. Que le peuple vienne dans ces nouveaux carrousels se pacifier à la délicatesse touchante de ce que les arts ont de plus raffiné ;

qu'il ouvre ses sens encore endurcis comme à une douce rosée de jouissances inconnues ; qu'il devienne poli, élégant, doux ; qu'il s'initie aux plaisirs ennoblis du grand monde que son travail va lui donner !

« O femmes ! vous avez chanté pour la Grèce et vous avez chanté pour la Pologne : ne paraîtrez-vous pas sur le théâtre de la résurrection et de l'ennoblissement du peuple, de ce peuple de France qui créa les plaisirs et la richesse de vos ancêtres, qui crée les vôtres et n'en jouit pas ?

« O femmes ! le peuple attend, hâve, nu, ignorant, misérable, sans tendresse, sans grâce et sans volupté. Il souffre la faim, il souffre le froid ; il est frappé en lui et en ses enfans de toutes les contagions humaines et terrestres, de tous les fléaux de la chair et de l'esprit ; il se meurt lentement de fièvre et de souillures. Mais il vous appelle ; il vous aimera. Il se réjouit tant quand vous venez à lui avec vos visages frais et vos belles parures ! Oh ! prenez pitié de l'esprit et de la chair du peuple ; inspirez-le d'enthousiasme ; rendez-le fier, robuste et bon ; ouvrez à son ame béante ces torrens de joie que Dieu lui réserve. Debout, debout, le peuple attend !

Voilà notre espoir et notre résolution pour le peuple à qui sans doute les secours des médecins sont nécessaires, mais pour qui il faut plus que des drogues de pharmacien aux jours du choléra.

Il faut au peuple, dès ce jour, des fêtes splendides qui détournent sa pensée du nouveau fléau dont il est frappé, qui l'exaltent et l'attachent de passion à l'accomplissement d'immenses travaux qui lui fassent adopter l'ordre d'une discipline industrielle, et qui, le précipitant avec l'ensemble d'une armée partout où les villes et les campagnes languissent de stérilité, de saleté et de laideur, les lui fassent embellir et féconder. Il faut au peuple une impulsion morale si puissante,

qu'il se prenne à produire la richesse et à la jeter sur le sol à
flots si pressés qu'il puisse dire ; «Moi, peuple, j'y aurai part, »
et que nul bourgeois ne s'en épouvante.

C'est là l'espoir qui nourrit et enflamme notre existence
d'apôtre, au milieu des embûches de la chicane, du bourdon-
nement d'injures et d'accusations atroces, en face d'un avenir
où sont des chances de pauvreté, et sous la loi provisoire et
triste du célibat.

Et maintenant, au moment de livrer à la presse le dépôt
d'améliorations politiques et économiques que nous avons ac-
cumulées dans le *Globe* depuis dix-huit mois, au moment où
nous sentons que c'est par nos personnes, plus que par nos
écrits que nous avons à aiguillonner le monde, à le vivifier,
à le féconder des sentimens d'union, de paix et de travail; au
moment où nous nous apprêtons à entourer NOTRE PÈRE
d'un cortège et d'un culte qui soient un témoignage éclatant de
la sagesse et de la solidité de notre foi en sa personne, et le
montre à la France et à l'Europe comme un espoir définitif
et inattendu; nous demandons à tous les hommes courageux,
enthousiastes, passionnés pour la gloire, vers quel soleil le-
vant ils tournent leurs regards, et d'où vient aujourd'hui la
lumière; nous leur demandons, de nommer l'homme qui a su
balayer de cœurs tels que la société les forme aujourd'hui,
toutes vanités étroites, toutes passions égoïstes, et attirer nos
hommages et nos services; nous leur demandons, au sein du
croulement général de toutes les institutions et de toutes les
idoles éphémères des partis, alors que chacun en est venu à
rester muet, et que l'on n'entend plus que le bruit des ruines,
de regarder face à face celui qui, debout, calme, fait tracer à
ses apôtres et à ses ambassadeurs le programme des travaux
et des fêtes du peuple, de le regarder face à face et de lui donner son nom.

CHARLES DUVEYRIER.

5

LE POUVOIR NOUVEAU.

———◆◆◆———

16 avril 1832.

TRAVAUX PUBLICS. — FÊTES.

Nous avons proclamé que le gouvernement de la France serait remis un jour aux mains d'un pouvoir nouveau plein d'un sentiment éclairé des besoins sociaux, et doué de l'énergie convenable pour leur donner pleine satisfaction ; et nous allons continuer de dire quels seront ses premiers actes et son caractère d'inspiration et d'entraînement, quant aux travaux du peuple et à ses fêtes.

TRAVAUX PUBLICS.

Nous devions d'abord parler de Paris, car Paris est le principal foyer de la France et de l'Europe ; de Paris doit

5.

évidemment partir l'impulsion qui se fera sentir, comme le sang qui jaillit du cœur, dans tous les membres du royaume. La Flandre et la Normandie, l'Alsace, la Provence, le Languedoc et la Guyenne, la Vendée, la Bretagne et la Normandie, et toutes les provinces centrales, répondront immédiatement comme un écho vivant à la première explosion d'enthousiasme pacifique dont retentira la capitale. Sur le plan des travaux d'assainissement, d'embellissemens et de communications mis en branle dans la ville-métropole, les villes, chefs-lieux des départemens, et notamment Lyon, Marseille, Bordeaux, Lille, Rouen, Nantes, le Havre, Grenoble, Avignon, Toulouse, Limoges, Saint-Etienne, Bayonne, Toulon et Brest, se sentiront une mission spéciale, et puiseront dans la position qu'elles occupent sur les trois grands bassins du territoire, dans leur industrie et leur commerce, dans le génie propre à leurs habitans, la révélation de l'œuvre qu'il leur appartient d'entreprendre et des fêtes par lesquelles elles pourront dévouer à cette œuvre la population qui les environne, et rattacher ainsi l'une et l'autre à l'œuvre et à la population centralisantes de la capitale.

C'est ainsi que les améliorations introduites, dans un but tout individuel, dans la bâtisse des nouveaux quartiers de Marseille, de Perrache et de la Croix-Rousse à Lyon, des hôtels des bains et cafés sur l'emplacement du Château-Trompette à Bordeaux, des nouveaux quais de Rouen, des quartiers élevés, des hôtels de la Monnaie et de la Préfecture de Nantes, seront appliquées largement aux rues boueuses, encombrées, sales ou infectes de toutes les villes *basses* ou *vieilles* habitées par le petit peuple, qui est la plus grosse portion de la société. Les quatre routes qui commenceront à faire reluire aux barrières de Paris leurs rainures de fer seront attaquées avec vigueur et célérité dans tous les départemens qu'elles traverseront, et surtout dans les faubourgs des grandes villes aux-

quelles elles doivent aboutir, à Rouen, au Havre, à Strasbourg, Lyon, Marseille, Nantes et Bordeaux.

Les ports de Cherbourg et d'Anvers, le canal de Saint-
Quentin, les bassins du Havre, que le bras fort de Napoléon
a creusés, les routes qu'il a suspendues au ballon d'Alsace,
aux abîmes de Tarare et du Simplon, le pont colossal jeté
sur la Gironde, sont des jalons fichés de distance en distance
dans le sol, et qui tracent le cercle immense dans lequel des
travaux analogues devront être en foule exécutés.

Tous les projets de canaux, d'hospices, d'écoles publiques,
d'ouverture de mines, de défrichemens, de plantations dont
l'exécution a été jusqu'à ce jour indéfiniment ajournée ou à
peine commencée et depuis suspendue, seront de nouveau
soumis à un examen approfondi et deviendront l'objet d'im-
médiates et immenses entreprises. Les travaux nécessaires
pour la navigation de la Loire et l'irrigation de la Sologne
seront mis à fin. Le canal de la Durance au Rhône versera
sur les sables intérieurs de la Provence la fraîcheur et la
fécondité dont jouit seulement son versant méridional chargé
de vignes, de prés et d'oliviers, jusqu'à la surface douce et
bleue de la mer. Les travaux des marais bourgoins seront
activés ; le Berry, les Landes, les Pyrénées, les Vosges, la
Bretagne, seront l'objet d'une application large des procédés perfectionnés des diverses cultures.

Enfin la carrière sera ouverte à la pratique de toutes les
améliorations, de tous les plans d'une utilité réelle. Toute
localité et toute agglomération d'hommes seront bientôt en-
traînés à l'œuvre. Et pour quiconque a visité les capitales de
nos provinces et leurs emplacemens pittoresques aux bords
de l'Océan, de la Méditerranée et des fleuves, leurs esplana-
nades, leurs remparts de gazons, leurs boulevards et leurs
cours ombragés d'ormes ou de platanes ; pour quiconque a
erré dans leurs bois et assisté aux fêtes des cités et des villages,
et sous la bigarrure des coutumes, des formes, des chants,

que trente ans de ruines n'ont pas effacée, a partout profondément senti cette même vivacité française, ce même
génie enthousiaste, glorieux, amoureux de travail et de
plaisir; pour celui-là il ne saurait être un moment douteux
que la forte secousse imprimée par les arts à la population
de la capitale ne vibre à travers tous les départemens et les
cantons et ne soit un premier feu de joie, signal d'un embrasement universel.

FÊTES.

Tous les artistes des provinces qui languissent faute d'inspiration se sentiront imprégnés d'une verve inattendue, les
théâtres ressusciteront. Les sculpteurs, les musiciens et les
peintres de l'école de Rome verront devant eux une carrière
ouverte; les talens de second ordre ne se condamneront plus
à la vie dédaignée, envieuse et solitaire de la capitale; ils se
disperseront sur le sol et chercheront pleins de confiance une
œuvre à chanter, des travailleurs à inspirer, fiers de féconder
des cœurs d'hommes d'une ardeur vivifiante, d'être leurs
guides et leurs prophètes pour tous les nobles sentimens
d'association.

Quelles fêtes que celles où l'on installera à la tête de la
culture de la Sologne et du Berry le vénérable Dombasle,
infatigable régénérateur de l'agriculture de France, à qui tout
paysan au sang appauvri, à l'intelligence épaissie, pourra
demander une vie d'association et de bonheur, à qui toutes
ces mères d'écoliers engourdis au sein de colléges, vraies
succursales de Babel où règne encore la confusion des langues, pourront confier ces enfans bien-aimés, et les voir
s'épanouir, hardis, actifs, vermeils, dans une vie de mouvement, de travaux et de jeux selon leurs cœurs !

Quelles fêtes que celles qui, dans le but de commander et
d'organiser de vastes travaux, prendront pour points d'appui
centraux ces localités en vogue où le monde élégant, riche,

animé, se sent attiré dès les premiers jours du printemps! Le Mont-d'Or avec ses vallons agrestes, pour l'installation d'un système d'embellissement et de multiplication des troupeaux de l'Auvergne, et l'ouverture, par centaines de crevasses, des houillières encore vierges de l'Aveyron! Biaritz et ses sables brillans au soleil d'Espagne comme une mer de pierreries, pour l'embranchement du canal de Béarn à la Garonne, et la colonisation et le défrichement de ce tapis des Landes qui étale dans un horizon sans limites ses fleurs de roses, blanches et violettes et ses bois majestueux de pins élevés, s'alongeant en ligne d'arceaux transparens, ainsi que des aqueducs colossaux!

Quelles fêtes que celles qui dresseront leurs tentes sur les flancs boisés des montagnes des Cauteretz et des deux Bagnères, pour l'application des bains chauds aux douleurs du peuple, pour l'ouverture des plantations des Pyrénées, pour l'introduction de la vigne aux roches du Roussillon et le retournement et le labour des terres grasses et fraîches des plaines de Tarbes, des mamelons de fougères dorées au pays des Basques! Quelles fêtes que celles qui, enchaînant et embrassant dans un démi-cercle au golfe de Lyon, Montpellier, Nîmes, Avignon, Aix et Marseille, activeront sur tous les points le déssèchement et la fertilisation de la Camargue, petit Delta, foyer d'infection et de fièvres, et tourneront en des sentimens d'association, en un enthousiasme noble, utile, chevaleresque, en un génie d'entreprises patriotiques et européennes, cette fièvre de vie comprimée au cœur des populations du Midi, et qui, faute de trouver cours dans le sommeil plat de la société, bouillonne et crève en dissensions intestines!

Quelles fêtes que celles qui s'asseyant aux bords des lacs de Nantua, rallieront des bataillons entiers de Dauphinois entreprenans et leur feront balayer les flaques d'eaux croupissantes qui couvrent comme un voile de mort le sol fertile de la Bresse, et effacer la tristesse et la pâleur héréditaires des joues amaigries de leurs frères des bords du Rhône ; qui donneront du haut du clocher de Strasbourg et des falaises de Dieppe le signal des premiers travaux des routes nouvelles, et couvriront l'Alsace et la Normandie de forges mouvantes, d'ateliers, de caravanes de pontonniers et de terrassiers faisant sortir de terre sur leur passage des villages et des théâtres improvisés!

Oui, elle sera l'union de toutes les espérances, le mélange de toutes les fortunes et de tous les rangs, cette universelle fédération de travaux et de fêtes, dont la voix d'un chef aimé aura donné le signal, et qui fera couler sa vie de prêtre et de roi, du cœur de son empire à toutes les extrémités; et la fera sourdre des extrémités au cœur. Qu'aux accens de cette voix tonnante et mélodieuse à la fois, les pâtres suspendus aux crêtes des montagnes, les paysans ignorés dans les plaines lointaines, les pêcheurs perdus aux galets des mers viennent au sein des villes et dans la vaste métropole prendre leur part des rayons d'un faste créateur qui désormais va luire pour tous ; et qu'au sein des villes et des plus riches quartiers de la capitale on entende les apprêts du départ ; que les routes retentissent du roulement des équipages, du galop cadencé des cavalcades ; qu'une foule élégante, parée, vienne se mêler aux réjouissances des campagnes ; qu'elle vienne à l'air vif et frais des champs, aux parfums de la mer, des moissons et des forêts, qu'elle vienne saluer de hourras les flottes royales pavoisés de flammes pacifiques, allant chercher par masses pour le peuple les richesses des terres lointaines ; qu'elle vienne à l'entour de ces colossales cheminées, colonnes fumantes, de ces fabriques, ces écoles, ces ponts qui vont jaillir du sol ou se tendre au-dessus des eaux; qu'elle vienne au milieu des troupeaux et des ateliers, des fermes naissantes, fouler de ses pieds de satin les sillons tracés sur les gazons, et se mêlant aux exercices de l'inauguration de tous les travaux, briller comme une image attrayante de la vie d'abondance à laquelle le peuple va s'engendrer.

Oh! le cœur des riches battra doucement à cette pensée, que ces malheureux innombrables, naguère déguenillés, rudes, disgracieux, dont les yeux de feu exprimaient seuls la noblesse et la bonté cachées dans leurs fortes poitrines, vont enfin toucher à tous les biens de la vie qui assainissent et embellissent le corps et l'esprit; qu'ils vont mordre à ces *fruits défendus* dont ils ne purent se rassasier jusqu'à ce jour, bien que leurs mains en eussent planté l'arbre, et qu'ils eussent de la sueur de leur front arrosé ses racines! Oh! le cœur des riches battra doucement; car ils sentiront que leurs vieux pères, leurs enfans et leurs femmes ne vont plus vivre de cette vie monotone dont les ennuis étaient coupés en sursaut par le hurlement de la foule en délire, par le claquement précipité de la fusillade, le bruit des vitres, des portes, des haubans volants en éclats; alors que l'avalanche des faubourgs roulait sur le pavé des places publiques, broyant comme une fourmillière les bataillons royaux et la cohue de passans arrêtés par la peur!

Le cœur leur battra doucement aux riches, et il diront les premiers: « Allons, allons à l'Europe lui donner le secret de notre concorde et de notre prospérité.

Qui a vu Naples et sur les dalles de son port, aux feux du matin, quelque pêcheur éveillé le premier se lancer à travers ses compagnons engourdis, ouvrir la tarentelle, les attirant du pied, de l'œil, des bras, à la danse qui assouplira leurs corps aux fatigues du jour.

Ainsi de Paris au milieu des cités, ainsi de la France au sein de la foule des nations.

Réveil, France! réveil! Crie la voix de ton Messie et de ton Roi. Le jour a paru! Par le plaisir fais-toi robuste à la peine, ô France! et va chercher ainsi que des danseuses tes sœurs assoupies.

Et la blonde Allemagne, et la brune Italie, et l'Angleterre fraîche, ardente, qui masque sous la raideur de son corps le feu dont elle est dévorée, et l'Espagne lascive, aux grands yeux cachés sous la noire dentelle, et la Russie aux épaules de neige; va les chercher! car la terre nourricière tressaille du désir de nourrir et réjouir les misérables. La terre les appelle à fouiller ses entrailles; la terre les appelle, et DIEU veut y régner.

C. D.

AU ROI.

13 Avril 1832.

SIRE,

Vous êtes au milieu de circonstances graves que vous n'aviez pas prévues, vous portez alternativement vos regards inquiets sur la France et sur les nations voisines; de toutes parts vous ne découvrez que malaise, qu'embarras, qu'incertitude pour vous comme pour le pays auquel vous avez cependant immolé ce que vous aviez de plus cher, la quiétude de l'opulence privée, et les joies paisibles du foyer domestique. Au dehors vous voyez une méfiance railleuse, et la guerre qui menace; au dedans, la méfiance encore, l'irritation et l'émeute. Vous interrogez vos conseillers, vous les pressez d'améliorer quelque peu le sort de ce peuple que vous aimez et qui un instant espéra en vous, et vos conseillers, frappés d'impuissance, s'en vont explorant l'arsenal de la restauration;

ils n'y trouvent que des armes rouillées ou usées, ils n'y ramassent que la poussière de ces débris que, dans leur audacieuse mais brillante rêverie, les Vilèlle et les Peyronnet avaient pris pour les colonnes éternelles de l'ordre social. Le terme est atteint, Sire, de toutes ces tentatives sans fruit, de tous ces tâtonnements sans résultat, de toute cette activité sans vie ; car un nouveau fléau vient d'ajouter ses ravages aux ravages de la misère, et la souffrance déborde. Le temps est venu où des hommes qui ont mission de tenir à tous et à vous-même, Sire, un langage à la fois conciliant et sévère, vont vous faire entendre les prophéties qui devraient sortir de la bouche de vos conseillers. Le premier j'en assume la responsabilité, et, prenant pour un instant le rôle de votre ministre des travaux publics, je vais vous parler en homme dont le cœur palpite à toutes les douleurs du peuple parce qu'il les a touchées une à une, en homme qui a volonté de les tarir, et qui sent en lui une autre puissance que la puissance nécessaire pour débiter de vaines paroles ou former de stériles vœux.

PROJET DE RAPPORT DU MINISTRE DES TRAVAUX PUBLICS
AU ROI LOUIS-PHILIPPE.

SIRE,

«Lorsque la France a voulu faire un roi, elle a jeté les yeux sur vous. Des hommes qui avaient sur les lèvres des paroles d'épanchement et de confiance ont remis en vos mains un sceptre mutilé par la méfiance ; eux seuls vous ont soutenu pour monter en peu de jours les degrés d'un trône brisé qu'il ne s'agissait plus de *restaurer*, mais de RECONSTRUIRE ; en cet instant vous aviez foi à la légalité. Vous étiez entouré d'avocats, une charte venait d'être discutée et votée, vous l'aviez acceptée, j'allais dire subie. L'assemblée qui vous la présentait

était composée d'hommes sincères : car en dorant la couronne, qu'ils avaient faite d'épines, ils se regardaient comme
les sauveurs de la France; c'est avec sincérité aussi que vous
avez juré d'exécuter fidèlement les clauses de ce contrat im-
provisé. En tout ceci vous avez obéi à vos croyances, et nul
ne saurait vous en blâmer. Vous avez cru de très-bonne foi
que Charles X avait été précipité pour avoir apostasié la
Charte; vous avez cru que la France avait soif de légalité;
vous avez cru que le jour où un roi, non plus de France
mais des Français (la différence est grande), entouré des gla-
diateurs de la restauration, voudrait avec la loyauté d'un hon-
nête homme exécuter franchement le marché écrit; que ce
jour-là la France calme, glorieuse, respectée, goûterait au
milieu des douceurs de la paix toutes les joies d'une prospérité croissante se développant à l'ombre de son panache con-
stitutionnel. Vous l'avez cru; que croyez-vous aujourd'hui?
Aujourd'hui que tant de faits éloquens sont venus saper votre
foi, et donner à vos espérances le nom d'illusions; aujour-
d'hui que la France, fatiguée du bavardage impuissant des
chambres, n'attend plus un bonheur voté et sent que ses destinées sont ailleurs que dans un scrutin; aujourd'hui que la
nourricière des peuples, l'industrie, écrasée par la concurrence, languit épuisée, et tombe après mille efforts convul-
sifs pour se raviver, aujourd'hui enfin que votre capitale est
réduite à disputer ses enfans au fléau de l'Asie, et livre tardi-
vement à la misère dévorante un combat inégal. Que croyez-
vous ? Vous ne croyez plus rien.

Sire,

« Lorsque j'ai reçu la haute mission que vous m'avez confiée, moi aussi j'avais foi à ce balancement des pouvoirs et à
leur harmonieuse union dans un roi réduit à l'impuissance de
mal faire. Je ne m'étais pas demandé alors si cette impuis-

sance n'entraînait pas avec elle l'impuissance de bien faire. J'avais vu avec joie la royauté garrottée et la loi souveraine ; je m'étais réjoui de voir enfin un grand peuple traitant ses propres intérêts par lui-même ou par ses mandataires, dressant un trône comme une *nécessité*, et pouvant dire chaque jour à celui qu'elle y avait assis : « Qui t'a fait roi ? »

» Comme vous j'ai cru, comme vous j'ai espéré.

» La tourmente des premiers temps m'a trouvé inébranlable dans ma foi. On disait que la France était semée d'agitateurs ; tantôt c'était la république avec son cortége de négations et criant toujours *A bas* quelqu'un ou quelque chose ; tantôt c'était la monarchie avec ses vieilles affirmations et son imperturbable croyance aux revenans ; et après avoir bien regardé tout ce que l'on montrait, bien écouté tout ce que l'on disait, je suis demeuré convaincu que la France ne voulait ni la république, mot mystérieux dont elle craint la révélation et soupçonne le sens, ni la monarchie qu'elle connaît et qu'elle a chassée. Mais, dans cet examen consciencieux et nouveau pour moi, quel a été mon étonnement lorsque j'ai porté mes regards sur nous-mêmes, et que du poste élevé dont votre confiance m'a investi j'ai contemplé nos institutions et les fruits qu'elles ont portés. Lorsque j'ai vu, sous ce régime bâtard qui n'est ni la république ni la monarchie, la France livrée à mille douleurs sur lesquelles vous ne pouvez que gémir, inquiète sur son présent, sans boussole pour son avenir, cherchant encore un bonheur qu'elle avait cru payer de son sang aux jours des barricades, et lasse peut-être d'espérer. C'est alors qu'une longue lutte s'est engagée en moi entre la voix des faits et la voix retentissante de croyances enracinées par quinze années de promesses ; c'est alors aussi qu'une nouvelle lumière a lui pour moi. Je vous dois, Sire, les premières inspirations d'une conviction récente mais profonde ; je vous les livre comme l'unique moyen de recevoir les bénédictions d'un peuple qui n'attend pas seulement de

simples aumônes ; mais qui cherche des yeux un étendard an-
tour duquel il retrouve l'enthousiasme et la vie.

Sire,

»La France veut la paix, et pourtant la même ardeur qu'elle
épancha naguère sur les champs de bataille bouillonne encore
dans son sein. Nous avons vu cette ardeur déborder en émeutes
dans nos rues et sur nos places publiques ; nous l'avons vue,
exaltée par la misère, servir le désespoir de plusieurs milliers
d'hommes affamés qui réclamaient de *vivre* EN TRAVAILLANT,
et ce grand enseignement avait été perdu pour nous.

» Sire, ce que j'ai appris de nouveau, c'est que la voix du
peuple était bien en ce jour la voix de Dieu, et les mesures
que je viens vous proposer aujourd'hui sont une réponse vraiment royale à la pétition sublime écrite sur le drapeau lyonnais. Oui, Sire, travailler et non combattre, produire et non
détruire, tel est le grand secret de la politique du *jour*. Que
d'immenses travaux soient donc ordonnés, non demain mais
aujourd'hui même ; que des armées de *travailleurs* soient levées avec la même audace qu'en d'autres jours de deuil la
Convention fit sortir de terre quatorze armées de *combat-
tans*. Voici l'ordonnance que je vous propose de rendre immédiatement. A votre décision, Sire, est attaché le salut de
l'état.

ORDONNANCE.

« Une commission, composée de trente ingénieurs, suivra
» avec activité le projet si long-temps ajourné de la distribu-
» tion des eaux de Paris, et commencera son exécution dans
» le plus bref délai. Il sera préparé de nouveaux travaux pour la
» partie de la population qui aujourd'hui vit de la distribution
» de ces eaux.
» Cinquante JEUNES ingénieurs traceront la grande ligne

» des chemins de fer du Havre à Marseille et de Strasbourg à
» Nantes. Les cadres sont ouverts dès ce jour pour enrôler
» tous les ouvriers qui se présenteront des divers points de la
» France. Deux cent millions sont nécessaires pour cette en-
» treprise; pour se les procurer le gouvernement négociera
» dix millions des rentes acquises par l'amortissement. Il sera
» procédé dans le délai de trois semaines à toutes les formalités
» d'enquêtes, d'avis des préfets, etc. Pour les terrains traversés
» toutes difficultés seront aplanies par des voies extra-légales,
» s'il est nécessaire, moyennant indemnité calculée sur la base
» de trente à quarante fois le revenu.

» Dix mille hommes, sous la direction de M. Mathieu de
» Dombasle seront envoyés dans les départements de l'Ouest
» pour défricher les terrains incultes et perfectionner les
» moyens arriérés de culture qui sont encore en usage dans
» ces contrées. Vingt millions sont mis à la disposition du
» chef de cette colonie, qui sera le véritable pacificateur de
» la Vendée.

» Les Vosges et les Pyrénées seront replantés.

» Des fonds seront appliqués immédiatement aux travaux
» du canal latéral à la Loire. Le canal de Nantes à Brest
» sera poursuivi avec activité.

» Deux nouvelles rues depuis long-temps en projet seront
» percées à Paris dans les quartiers qui ont le plus besoin
» d'être assainis : celle qui va du Louvre à la Bastille, et celle
» qui va du pont d'Arcole au parvis Notre-Dame.

» Les marchés seront terminés d'après les plans présentés
» en 1808 à l'empereur, qui voulait que *le peuple eût aussi son*
» *Louvre.*

» Les propriétaires de maisons recevront des indemnités
» calculées sur les mêmes bases indiquées ci-dessus pour les
» terrains livrés aux chemins de fer.

» Une commission permanente s'occupera de nouveaux pro-
» jets à présenter, et de créer les moyens de les exécuter. Les

» conseils-généraux de tous les départemens s'assembleront
» avant le 30 avril, et enverront à cette commission leurs
» observations et leurs requêtes sur les travaux d'intérêt local.

» Deux millions sont répartis entre les divers ministères
» pour augmenter le nombre des bourses dans les diverses
» écoles, qui seront toutes réorganisées sur un plan général.»

«Telles sont, Sire, les mesures les plus urgentes ; j'ai choisi
à dessein des projets avec lesquels l'esprit public est familia-
risé et dont la haute utilité est généralement sentie. Aux
hommes qui bourdonneront le mot de LÉGALITÉ vous direz :
« Mon peuple a faim, et vos éternels discours ne le nourris-
sent pas ; » à ceux qui vous parleront de l'intérêt des propriétaires vous apprendrez que l'intérêt des propriétaires c'est
l'ordre et la paix ; à ceux enfin qui compteront les millions
dont vous disposez, vous répondrez que la guerre d'Espagne
a coûté quatre cent millions. »

SIRE,

Oubliez un peu la Charte et faites que le sang versé en
juillet soit une *vérité*. Au milieu d'une horrible tourmente de
trois années, la Convention, bravant toutes les têtes couronnées, a soutenu la guerre contre l'Europe conjurée, et a préparé ainsi l'œuvre d'un guerrier gigantesque. Vous, Sire,
plus heureux que ces hardis démolisseurs, après la grande
émeute des trois jours vous avez rempli une mission concilia-
trice et vous avez préparé la venue d'un NAPOLÉON PACIFI-
QUE, car tel est l'homme que la France incertaine et flottante
attend avec anxiété. Il faut au fondateur de l'ère nouvelle la
haute intelligence de Descartes, la foi persévérante de Hilde-
brand, l'audacieuse confiance de Christophe Colomb. Si vous
êtes cet homme, Sire, marchez !

HENRI FOURNEL.

6

AUX HOMMES POLITIQUES,

MICHEL CHEVALIER, APOTRE.

20 Avril 1832 (1).

Notre *politique* est maintenant acquise au siècle. Nos enseignemens et prédications, nos missions, nos écrits divers,
et surtout le *Globe*, dont je me glorifie d'avoir été le direc-
teur sous l'INSPIRATION de NOTRE PÈRE, en ont déposé le
germe en bien des esprits. Bien des cœurs sont préoccupés
des sentimens d'association que nous avons répandus. D'autres que nous peuvent se charger maintenant d'infiltrer au
monde cette *politique*, et nous sommes sûrs qu'ils le feront,
chacun suivant sa nature.

Lorsque nous nous serons tus, la fantasmagorie parlementaire disparaîtra des discussions publiques, la question de la

(1) Dernier numéro du *Globe*.

6.

réorganisation sociale en vue du *travail* deviendra la ques·
tion capitale. La plupart des journaux se mettront à débattre
le compte des *oisifs* et des *travailleurs*. Celui-ci se portera
défenseur exclusif du *travailleur* en général et en particulier du
prolétaire ; celui-là plaidera pour l'*oisif*, et en fera ressortir le
mérite spécial. Il y aura certainement de la part de quelques
écrivains un débordement de radicalisme assez large pour
faire tressaillir la *propriété.* Il y aura de la part de quelques
autres une insensibilité aristocratique nauséabonde. Le plus
habile sera celui qui, suivant la ligne que nous avons nettement
tracée en dernier lieu, rendra justice à tous les partis et les
révélera les uns aux autres par leur élément progressif, embrassera dans sa sollicitude les intérêts du *maître* et les intérêts
de l'*ouvrier*, ceux du *riche* et ceux du *pauvre*, ceux de l'*oisif* et
ceux du *travailleur*, et se donnera pour mission de concilier
tous ces intérêts et de les fondre ensemble, de dissiper les
alarmes des uns et de tempérer la fougue des autres. Celui qui
ainsi animé du sentiment de l'ASSOCIATION UNIVERSELLE des
peuples, des classes, des partis et des individus, aura puissance de tenir son langage à la portée du plus grand nombre,
et fera consister sa prétention dans la simplicité et la popularité de son discours ; celui-là aura un prodigieux succès, et
rendra un service immense. .

L'œuvre politique capitale consiste aujourd'hui à convertir
la masse de la population et surtout les gens qui ont une
existence acquise et qui craignent de la voir troubler, les
classes amies de l'ordre et de la paix, les fonctionnaires, les
propriétaires et les rentiers, la propriété et la bourgeoisie,
à un régime nouveau où elles trouvent satisfaction à leur
amour de l'ordre, à leur humeur paisible et à leurs goûts de
bien-être : car il est manifeste maintenant à ces classes comme
à toutes les autres que la restauration et le système actuel ne
sont que des replâtrages qui ménagent la transition entre un
passé *guerrier* et un avenir *industriel.* Il y aura ainsi à leur

montrer comment il serait possible de passer de l'état présent à une organisation nouvelle, fondée sur nos principes du *travail* et de la *capacité*, sans bouleversement de la machine gouvernementale, et en garantissant quiconque est maintenant *oisif*, jeune ou vieux, petit ou grand, contre une dépossession brutale. C'est ce que je vais établir, en répondant à la question qui nous a été adressée souvent, *Que feriez-vous si vous étiez gouvernement?*

L'ADMINISTRATION ACTUELLE. — LA CENTRALISATION.

Il est admis en principe aujourd'hui par le plus grand nombre que le système d'administration tel qu'il a été établi par Napoléon et tel qu'il subsiste encore, est radicalement vicieux ; qu'il faudrait l'abattre pour le réédifier sur nouveaux frais, que la centralisation est une monstruosité. Tout cela est fort exagéré. Sans doute il y a lieu à améliorer le mode actuel d'administration ; sans doute la centralisation actuelle offre de graves inconvéniens : elle entraîne surtout une intolérable lenteur ; mais il n'y a pas de milieu entre la centralisation, c'est-à-dire l'unité, et l'anarchie. Il ne s'agit pas de détruire la centralisation, c'est-à-dire de morceler la France ; il s'agit de transformer la centralisation de telle sorte qu'elle laisse le mouvement, la spontanéité, la vie, à la circonférence aujourd'hui inerte et passive autour du centre. Le mécanisme administratif actuel fonctionne régulièrement ; le briser serait extrêmement funeste.

Il faut donc de la centralisation, j'ajouterai même qu'aujourd'hui il serait fort difficile d'administrer la France sans une centralisation serrée, vu la composition présente du personnel administratif. Avec un régime de secousses, de révolutions grandes et petites et de reviremens ministériels, tous actes auxquels préside un esprit de parti fort exclusif, les fonctionnaires publics sont sans racines dans le sol. Il y a

des séries très-mobiles de destitutions et de changemens. Depuis deux ans, par exemple , plusieurs milliers de fonctionnaires ont été congédiés et remplacés par un nombre égal
d'hommes qui avaient leur apprentissage à faire , et dont
un grand nombre n'avaient nulle aptitude à leur succéder. En
fait, depuis vingt ans, il y a toujours dans les fonctions
publiques un nombre considérable d'hommes très-novices
ou peu capables. L'opposition d'ailleurs se tient à l'affût
des bévues, pour les promulguer, et les grossir assez souvent. Voilà pourquoi les ministres, afin de mettre leur
propre responsabilité à couvert, évoquent à leurs bureaux la
plupart des décisions au risque de réduire les autorités secondaires à l'état d'instrument, et nonobstant une perte de
temps préjudiciable; et les personnes qui sont au courant
de la bureaucratie savent si c'est à tort ou à raison qu'ils les
évoquent. Pour moi qui pendant deux ans ai assisté aux délibérations du conseil-général des mines, j'affirme qu'à ce
conseil la moitié au moins des décisions prises par les autorités locales étaient modifiées et l'étaient à propos. Le mal
est donc moins dans le lien qui unit les points de la circonférence au centre, quoique souvent ce lien soit lourd et peu élastique, qu'il n'est dans l'absence de vitalité des administrations locales et dans le préjugé qui oblige chaque gouvernement,
chaque ministère, à destituer en bloc les fonctionnaires de
l'administration précédente pour les remplacer par des hommes *bien pensans.*

Les administrations locales sont nécessairement inertes
parce qu'elles sont étrangères à ce qui fait la vie des localités, à leur activité dans l'ordre de l'industrie, de la science et des beaux-arts. L'administration centrale est une grande
roue qui tourne, qui ramasse régulièrement des impôts , re-
crute l'armée, dresse des listes électorales, et d'où, à l'aide
d'une détente, le ministère fait partir circulaires, préfets,
procureurs du roi et gendarmes. Les préfectures sont quatre-

vingt-six petites roues engrenant avec la grande, ayant toutes même diamètre, tournant toutes de même vitesse et faisant mouvoir à leur tour une troisième série de roues qu'on appelle des mairies, qui toutes aussi ont la même allure. Tout cela est un mécanisme fort bien conçu et qui ferait honneur à un Vaucanson ; mais c'est d'une uniformité désespérante et écrasante. Ce serait parfait si la surface de la France était, par exemple, un grand carré bien plat qu'on pût partager en quatre-vingt-six carrés égaux, subdivisés eux-mêmes en quarante mille petits carrés pareillement égaux entre eux, tous couverts d'hommes et de femmes de même taille, de même caractère, véritables automates exécutés sur un seul et même modèle, dont les mouvemens auraient été mis à l'unisson ; mais c'est détestable, c'est pauvre, c'est *mort* pour des peuples *vivans*, voués à des œuvres très-diverses, de très-diverses humeurs, sur un sol très-inégal de configuration et de nature, et par des climats très-divers. Cela est si vrai qu'il serait impossible, dans l'état actuel des choses, de donner la définition d'un fonctionnaire. Nous disons, nous : «Le maire, tel que nous l'instituerons (1), sera le *chef industriel de la cité*, comme autrefois il était le *prévôt des marchands*, ce qui était beaucoup moins large.» Mais qui peut définir, *nommer* un maire de 1814 ou de 1828 ou de 1832? qu'en peut-on dire? sinon que c'est un appareil mécanique donnant des passeports, tenant registre des naissances, décès et mariages, tirant au sort la conscription, et disant aux princes, à leur barbe, dès qu'il s'en présente, qu'ils sont les meilleurs princes que la terre ait jamais vus. De bonne foi, comment serait-il possible que ce mécanisme, en dehors des prévisions et des conseils duquel s'accomplit l'œuvre sociale, qui est étranger à l'éducation de l'école et du temple, du théâtre et de la presse, exerçât de l'in-

----

(1) Voir l'*Économie politique* de NOTRE PÈRE, XIIe article.

fluence dans son milieu, c'est-à-dire s'y fît *aimer*, et par conséquent VÉCUT.

Aux temps féodaux, l'unité gouvernementale subsistait peu, mais l'autorité locale avait sa vie propre ; il y avait alors *en réalité* des ducs de Guienne, de Normandie et de Bourgogne, des comtes de Toulouse, de Flandre et de la Marche. Chacune des divisions du territoire avait un rôle militaire particulier, déterminé dans l'action militaire générale du royaume. Ce rôle militaire était sa VIE *politique*, et le seigneur était le cœur de cette vie. La province était une *individualité* harmonieusement et étroitement accouplée à l'*individualité* du seigneur; la province donnait son *nom* au seigneur, et le seigneur imprimait son *caractère* à la province. Aujourd'hui le gouvernement n'est plus guerrier, et il ne comprend pas encore que l'autorité nouvelle doit avoir le caractère industriel. De là l'aspect bâtard de ses fonctionnaires. Ils consument tout leur temps dans une même région imaginaire, à travers le vague et le faux, sans lien aucun avec les populations qu'ils administrent. Si on eût proposé à un roi du vieux temps, en supposant qu'il en eût eu la puissance, de faire passer, dans un délai de quinze jours, quelqu'un de ses grands vassaux du duché de Bretagne au duché de Lorraine, du comté de Roussillon au comté de Vermandois, il eût haussé les épaules comme d'une folie, et le sol des provinces eût tremblé comme le sol d'une forêt d'où l'on arrache un chêne séculaire aux cent racines profondes; tandis que s'il plaisait à M. Périer d'ordonner par le télégraphe à MM. Gasparin et Méchin de se mettre en route dans le délai de deux heures, le premier pour Lille, le second pour Lyon, personne au monde, même parmi les Lillois et les Lyonnais, n'y trouverait quelque chose d'extraordinaire, et le service n'en souffrirait pas. Un département peut dire à son préfet: « Qu'y a-t-il de commun entre vous et moi ? » On appelle ces fonctionnaires préfets du Rhône,

du Nord, de l'Isère, du Loiret; ils ne sont préfets de rien ;
ils sont préfets purement et simplement, êtres nomades,
sortes de sylphes administratifs fort dociles, allant et venant
sans bruit sur un sifflement d'une excellence; ou encore roues
coulées dans le même moule, toutes également propres à être
ajustées sur les quatre-vingt-six axes posés aux chefs-lieux des
quatre-vingt-six préfectures; comme ces pièces du matériel
de l'artillerie française, qui toutes sont semblables les unes
aux autres, et taillées avec une admirable précision, à tel
point qu'on peut exactement assembler telle portion d'un
affût construite à l'arsenal de Strasbourg avec l'autre portion
construite dans les ateliers de Toulouse.

Et ce que nous disons des préfets est vrai de tous les fonctionnaires de l'ordre administratif, financier et judiciaire :
car un receveur-général, par exemple, est sans action, au
moins *directe,* sur le mouvement industriel du pays qu'il habite, et sans relation *officielle* avec les banquiers qui l'entourent.

Les légitimistes sentent fort bien l'inconvénient de l'organisation actuelle de l'administration. Ils voudraient constituer des pouvoirs locaux qui fussent la représentation ou
la personnification des localités, afin de vivifier les *provinces,*
comme ils disent. Le vœu est honorable assurément; mais
c'est dans le *suffrage universel* qu'ils cherchent le moyen de
régénérer l'administration, et dans la *Gazette* ils le récla-
ment vingt fois par jour. Comme tactique c'est faible, car
on n'allèche plus les gens avec les scrutins ; le public en
est saturé, *on en a mis partout.* Comme efficacité ce n'est
guère supérieur au procédé offert par les niais du *Constitu-*
tionnel, qui prétendent que tous les maux de la France
proviennent de ce qu'il reste des carlistes en place. En vérité
tout le monde sait aujourd'hui ce que sont les élections populaires; on sait ce que vaut l'aune du *suffrage universel,* et
comme quoi il n'y a rien de moins *universel,* puisqu'en dernière analyse tout y est enlevé par les intrigues de deux ou

trois meneurs. On ne peut refaire l'administration qu'en vue d'un but donné, d'une œuvre déterminée. Avant de savoir *comment* on élira, il faut savoir positivement *pourquoi* on élira; si ce sera pour guerroyer contre l'Angleterre, par exemple, ou si ce sera pour constituer entre les peuples et les provinces une confédération industrielle. Ce point une fois éclairci, il resterait à examiner si ce sont jamais les masses qui ont fait surgir du milieu de la foule les hommes capables de les conduire, ou si elles ont fait autre chose qu'*accepter* leurs chefs; si l'initiative doit venir de ceux qui ont besoin d'être initiés ou de ceux qui sont initiateurs.

ADMINISTRATION NOUVELLE.

Les administrations locales auront de la vie et les localités exerceront leur spontanéité lorsqu'il sera entendu que la politique, ou pour mieux dire l'*administration*, a pour objet le développement des intérêts *industriels* des peuples. Ce principe posé, on trouvera aussi absurde qu'un homme ait la prétention d'être le premier magistrat de la Seine-Inférieure, par exemple, en restant étranger à la fabrication et au commerce des cotonnades et des draps, qu'il le serait de mettre un évêque à la tête d'un régiment de carabiniers ou de housards.

Alors toutes les lois, tous les règlemens seront conçus et interprétés dans le sens le plus favorable au développement du *travail* et à une équitable *répartition* des produits. Ils tendront à l'*harmonisation* de tous les efforts et de tous les intérêts. Le budget, qui est aujourd'hui une charge pour l'industrie, tournera à son bénéfice, car il aura pour but les dépenses les plus profitables au bien-être des travailleurs. Alors, en dépit des axiomes du gouvernement à bon marché, il sera entendu que le gouvernement le plus économe n'est pas celui qui dépense le moins, mais celui qui dépense le mieux.

Alors un peuple qui voudrait se suffire à lui-même paraîtra aussi peu éclairé qu'un homme qui tiendrait à fabriquer *seul tous* les objets nécessaires à ses besoins. Alors la diplomatie aura pour objet non plus d'équilibrer les puissances, c'est-à-dire de les contenir par la peur les unes des autres, mais de les associer, de faire cesser la concurrence de peuple à peuple, non moins fatale que celle de boutique à boutique, en combinant et divisant la production suivant les goûts, les aptitudes et les ressources naturelles de chacun, en multipliant les échanges et les rapports des hommes entre eux, de manière à préparer le jour où il n'y aura sur la terre qu'un atelier, qu'une famille.

Alors le chef politique d'un département ou d'une province aura pour fonction de présider au mouvement industriel de la division qui lui aura été confiée, et de combiner les divers services publics, finances, voies de communications, éducation publique, hygiène, associations diverses en vue des besoins du TRAVAIL et de l'avantage des *travailleurs;* alors il contractera UNION avec la localité, il la marquera de son *empreinte* et en tirera un *nom.*

Alors le ministère des finances sera autre chose qu'une pompe aspirante. On n'y aura plus peur des emprunts et on les préférera aux impôts, parce qu'on saura que l'emprunt prend les capitaux où ils sont, et l'impôt là où ils ne sont pas. On fondera le *crédit* public, non sur la chimère de l'amortissement, mais sur la confiance qu'inspireront la moralité du gouvernement et son habileté à développer les intérêts de tous et de chacun. On concevra qu'une association des receveurs-généraux puisse avoir un autre objet que l'agiotage. Cette association, que M. de Villèle avait constituée naguère sous le titre de *syndicat*, sera réédifiée sur une échelle croissante et dotée par l'état lui-même. Le mur qui sépare le trésor public de la banque, les recettes générales et particulières des banques départementales et communales s'abaissera. L'administration des finances publiques, considérée comme institution de *crédit*, présentera une force colossale, et toutes les banques particulières viendront s'y appuyer et peu à peu s'y fondre ; de sorte que peu à peu se préparera l'ordre de choses où les travailleurs seront *tous* commandités par l'état. Alors par la même raison tout receveur-général deviendra un puissant chef de banque chez lequel la plupart des travailleurs de la province et tous finalement auront un crédit.

Alors on ne recrutera plus les hommes pour leur enseigner l'art de *détruire* et de *tuer*, mais pour leur apprendre la *production*, la *création*. Les régimens deviendront des écoles d'arts et métiers où tous pourront être admis dès l'âge de seize ans. Les artilleurs seront les mécaniciens et les fondeurs de métaux ; les fonderies de canons deviendront des fabriques de machines à feu et de bateaux à vapeur ; la cavalerie formera le corps des laboureurs, des charrois, des postes, des voitures publiques ; les soldats du génie seront les mineurs ; les pontonniers suspendront des ponts de fer sur le lit des fleuves; l'infanterie de ligne embrassera une longue série de professions. Le dépôt de chaque régiment sera placé dans la localité où l'industrie qu'il représentera sera le plus avancée. L'armée, en subissant ces modifications graduelles, conservera costume, musique et fêtes. Sa discipline toute guerrière s'adoucira peu à peu. On maintiendra provisoirement le maniement des armes comme exercice gymnastique. L'armée englobera ainsi, en le dépouillant de son caractère d'étroitesse et de rivalité, le *compagnonage*. Les officiers de chaque régiment ouvriront dans toutes les villes où ces *soldats travailleurs* tiendront leur garnison, des cours analogues à ceux que M. Charles Dupin créa sur beaucoup de points; établissemens très-peu coûteux, et qui, partout où ils ont été l'objet d'une sollicitude sérieuse, ont produit d'admirables résultats. La ville de Metz en offre un bel exemple.

Alors s'organisera l'industrie *attrayante* et *glorieuse*, et les régimens tendant à s'assimiler par voie d'engagement tous les ouvriers, il y aura tendance à ce que l'état devienne le dispensateur général du *travail*, de la *rétribution* et aussi d'une *retraite* accessible à tous.

Alors aux écoles actuellement placées dans les attributions du ministère de la guerre, qui deviendra le ministère de l'industrie, à savoir, l'Ecole polytechnique, l'Ecole de Saint-Cyr, les Ecoles de Metz et de Saumur, celle d'état-major, on joindra celles qui ressortissent des autres secrétaireries d'état, l'Ecole des ponts-et-chaussées, celle des mines, celles de Nanci, de Châlons, d'Angers, d'Alfort, de Saint-Etienne;

on grossira ce noyau de diverses institutions particulières, telles que l'Ecole de Roville et celle des Arts-et-Manufactures récemment fondée à Paris par des hommes très-capables. Ces écoles seront refondues et développées sur un plan unitaire, de manière à représenter l'encyclopédie de l'industrie et chaque profession selon son importance; des usines et ateliers y seront joints. Elles recevront pour destination de former des chefs de travaux dans tous les genres. Dès l'origine, une somme annuelle de trois millions sera consacrée à l'entretien de trois mille boursiers répartis dans ces diverses écoles, sans préjudice des élèves qui pourront s'entretenir à leurs frais. Les bourses seront délivrées par voie de concours public. Peu à peu la prévoyance sociale se substituant à la prévoyance de la famille, cette dotation recevra de successifs et considérables accroissemens.

Alors seront assimilés aux services publics, pour s'y confondre graduellement, beaucoup d'entreprises d'utilité générale formant aujourd'hui l'objet de spéculations ou d'opérations particulières, et qui exigent certains travaux et certaines dépenses qui s'accomplissent déjà dans les administrations publiques. Telles sont les caisses de prévoyance et d'épargne, les compagnies d'assurances, les messageries; telles sont les associations ayant pour objet l'exécution ou l'exploitation de canaux, ponts et chemins de-fer, le desséchement des marais, le défrichement ou la plantation des forêts.

Alors les querelles de partis s'amortiront, car l'exaspération publique est impossible avec une administration vouée exclusivement et directement à la prospérité et au bien-être des peuples; alors la presse cessera d'être un sujet d'alarmes pour les gouvernans; elle deviendra un prodigieux instrument d'éducation publique. Alors le gouvernement pourra, sans exciter les craintes des classes paisibles qui redoutent le scandale, abolir tous cautionnemens, droits de timbre et de poste, ainsi qu'une pénalité absurde. Alors la presse elle-même s'habituera peu à peu à réclamer de lui conseils et inspirations, et il acquerra près d'elle une direction de fait, une paternelle censure.

Alors l'autorité étant entourée de la confiance générale, il n'y aura qu'une voix pour réclamer la suppression des entraves opposées à l'action de gouvernemens méchans ou plutôt inhabiles, et qu'on nomme des *garanties;* car ces garanties ne peuvent empêcher une *mauvaise* direction qu'à la condition d'empêcher *toute* direction. Il n'y a qu'une méthode *absolue* d'interdire à un homme la possibilité de tout mouvement vicieux, c'est de le garrotter; et un homme garrotté est également incapable de bien et de mal. Il n'y a de garantie politique réelle que dans la moralité et la capacité des gouvernans, et la publicité en est l'expression. Or parmi toutes les garanties écrites, la plus gênante consiste dans le formulaire parlementaire et dans la méthode des discussions et délibérations avec discours écrits et amendemens entre quatre cents membres et plus. Toutes les lois s'y gâtent, s'y noient ou s'y perdent. Alors donc une vaste latitude sera laissée au pouvoir moyennant une publicité indéfinie. Les projets de lois élaborés dans le conseil d'état, dont les séances seraient publiées, discutés et retournés par une presse consciencieuse et compétente, seront apportés devant un corps législatif élu d'après les principes de la *capacité* positive et du *travail*. Une commission nommée par ce corps et formée d'hommes entendus en la matière, auxquels leurs collègues communiqueront leurs observations, soumettra le projet à un nouvel examen de concert avec les commissaires du gouvernement. L'assemblée entière dira ensuite oui ou non.

Alors disparaîtra cette opinion généralement répandue, qu'on peut devenir fonctionnaire public sans apprentissage; alors chaque fonctionnaire sera solidement assis en sa place, et il y sera retenu par une masse d'intérêts et de sympathies d'autant plus considérable qu'il occupera un rang plus haut dans la hiérarchie, et qu'il sera plus digne de son rang. Il y aura toute sa vie profondément engagée, joies et peines; et un fonctionnaire éminent ne comprendra pas qu'il ait été un temps où les magistrats les plus élevés étaient si peu liés à leurs fonctions, que sur le prétexte de vaines dissidences métaphysiques, un ministre pût les congédier du matin au soir, sans qu'il en résultât notable lésion des intérêts, soit de l'état soit des travailleurs.

CONSTITUTION DE L'ADMINISTRATION NOUVELLE.

. C'est d'après ces bases que nous concevons un remaniement successif de l'administration, et ce serait assurément chose douce.

Supposons un programme administratif dans lequel seraient formulés ces divers élémens, offert au PEUPLE, c'est-à-dire à TOUS. Après quelques années d'agitations et de détresse comme les deux ans qui se sont écoulés depuis le nouveau règne, et dont rien n'annonce la fin, supposons-le offert par des hommes dont l'activité, les lumières et le dévouement auraient été constatés par de fréquentes épreuves ; n'exciterait-il pas d'autres transports que le programme de juillet ?

Et ici il n'y aurait même pas à redouter l'obstacle que peuvent susciter des fonctionnaires tremblant pour leur place, tiraillés par le désir de suivre la voix du peuple et par la crainte des destitutions en masse qui jusqu'ici ont accompagné les changemens de régime. Car en vue du *travail* toutes les *opinions* se concilieraient pour converger vers le même but. Des hommes à doctrines exclusives ont dû nécessairement proscrire quiconque ne pensait pas comme eux, au risque des plus graves dommages pour la chose publique. Il y a eu destitution en masse en 93 par le comité de salut public ; en 95 lors de la réaction ; en 1800 par le premier consul ; en 1814 et 1815 par la restauration ; en 1823 et 1824, par M. de Villèle ; en 1830 par la révolution de juillet, parce que tous ces pouvoirs regardaient les gens qu'ils renvoyaient comme des *ennemis* naturels, comme des hommes à doctrines *perverses*. Des hommes religieux qui connaissent ce qu'il y a de généreux, d'utile, de progressif dans chaque parti, agiront tout autrement. Au lieu de *chasser* les fonctionnaires du précédent système comme des *réprouvés*, ils s'efforceront de *tirer parti* de leur expérience et de leur savoir, en les *transformant*, en leur donnant une autre INSPIRATION ; et le premier acte du pouvoir de l'avenir sera d'envoyer près des fonctionnaires les plus importans des *missi dominici* qui les moralisent, les éclairent et les excitent.

Il n'y aurait même pas de difficulté grave à redouter du pouvoir central. Et en effet des princes et des gouvernans d'humeur douce, amis de la tranquillité, tels que sont tous les princes de l'Europe occidentale, le roi Louis-Philippe,

George IV, François II et Frédéric-Guillaume, ainsi que les membres des corporations politiques dont ils sont entourés, à la suite de quelques années du déplorable marasme où est plongée la France, qui gagne l'Angleterre, et qui s'étend non moins contagieux que le choléra, trouvant leur zèle pour le bien public frappé d'impuissance, voyant leur bon-vouloir méconnu indignement, s'entendant accuser avec violence par ceux qu'ils auraient été heureux de soulager ; ces princes et ces gouvernans, disons-nous, seront disposés à accueillir comme un LIBÉRATEUR celui qui rendra justice à leurs longs efforts et la leur fera rendre par tous, qui satisfera les vœux d'amélioration populaire si chers à leur cœur, et qui les conviera à un royal repos digne de leur splendeur passée.

En ce moment solennel les propriétaires accepteront avec reconnaissance la sauvegarde de ceux qu'ils ont pu un instant prendre pour les démolisseurs de la propriété. La propriété est essentiellement amie de l'ordre et de la paix ; ce sera l'ordre et la paix que nous viendrons consacrer par l'avénement politique de l'industrie ; et telle est la tournure actuelle des affaires et la couleur de l'horizon, que de plus en plus le besoin d'ordre et de paix sera imminent pour les propriétaires. Déjà ils appellent un 18 brumaire à demi-voix : le mot circule dans les salons et les châteaux. Bientôt on le demandera à grands cris. Un 18 brumaire sans violence dépassera leurs espérances les plus exagérées et provoquera leurs transports.

Il est certain en effet que le débat politique va changer de terrain. La démocratie s'est agitée jusqu'à ce jour sur le terrain des droits électoraux : le moment est arrivé où elle va s'étendre dans ses excursions jusque sur la propriété. Le radicalisme anglais en est déjà là ; le radicalisme français y arrive à pas précipités. Ceux qui proclament le peuple souverain, qui veulent que de lui émane l'investiture de toute distinction publique, sont irrésistiblement conduits à demander qu'il distribue aussi les fortunes. On prétend que c'est à lui de nommer les chefs de la cité; n'en résulte-t-il pas que c'est à lui d'élire les chefs de ses travaux, les directeurs de ses ateliers? Les rédacteurs de la *Gazette*, malgré toute leur habileté, ne paraissent pas s'apercevoir des orages qu'ils préparent à la propriété avec leurs théories du *suffrage universel*. Nous devons aussi savoir reconnaître que l'émission de nos doctrines aura contribué pour une grande part à soulever les discussions scabreuses dont la propriété va être le texte; car nous devons accepter toute la responsabilité de nos œuvres. Mais il faut qu'on se dise également que les choses insignifiantes sont les seules dont on ne puisse gravement abuser. Il y aura des esprits fougueux qui fausseront nos principes, tout comme il s'en est trouvé qui ont ébranlé la société en outrant les idées de liberté ou de monarchie, et d'autres qui ont fait couler des torrens de sang pour la plus grande gloire de l'*agneau sans tache*. A ceux qui seraient tentés de nous imputer à crime toutes les déclamations anarchiques auxquelles pourront être mêlés les mots d'*oisif* et de *travailleur*, nous répondons d'avance qu'en unissant leurs efforts aux nôtres, ils auraient pu, ils pourraient encore prévenir toute dangereuse interprétation de nos principes d'ASSOCIATION et de *travail*, et conduire sans secousse l'humanité aux jours de bonheur que nous lui promettons.

Or quand les propriétaires, désespérés au milieu du désordre européen, verront apparaître au-dessus de tous un homme en qui seront incarnés un ordre nouveau, une nouvelle hiérarchie, comment l'accueilleront-ils? Si cet homme, se présentant entouré de fils éprouvés, dans une attitude qui exclue toute pensée de force brutale, obtient leur foi entière, et il l'obtiendra, refuseront-ils de lui confier le dépôt d'une fortune menacée de toutes parts ? Il n'y aura rien de plus aisé alors que de convertir successivement et du libre assentiment des propriétaires toute la propriété en une dette

inscrite à un grand-livre spécial dont les revenus seraient ac-
quittés moyennant le fermage dont le fermier tiendrait compte
à l'état en totalité ou en partie. On conçoit ensuite que cette
dette inscrite n'aurait point le caractère de perpétuité, et qu'en
suivant une série décroissante elle pourrait être annulée à
la troisième génération ; ce qui ne léserait personne ; car qui
donc dans ce monde égoïste pense maintenant à sa troisième
génération ? Combien de fortunes dans ce siècle de vicissitu-
des se conservent jusque là ? Qui ne se rassurerait d'ailleurs
en voyant le gouvernement se substituer progressivement à
la famille pour les soins de l'éducation MORALE et *professionnelle* selon la vocation, pour la dotation des individus arrivés
à l'âge du travail, et pour la *retraite* après la *fonction ?*

Alors la transformation de la propriété sera opérée en
Europe.

Et cependant ces choses arriveront dans peu d'années ; elles
arriveront par NOTRE PÈRE et par nous. C'est pour que Dieu
mette en nous sa force, c'est pour nous grandir à la hauteur
de notre sainte entreprise, que nous commençons aujourd'hui
une retraite de quelques mois. Que ceux qui douteraient de l'a-
venir qui nous attend transportent tour à tour les potentats de
la terre à côté de NOTRE PÈRE, et qu'ils les toisent ; qu'à côté
de ses fils, de leurs plans politiques et de leurs travaux industriels, ils mettent la jeunesse des conseillers des rois,
avec les conceptions qu'ils choyent encore ! qu'ils mesurent la
foi des hommes religieux du jour et la fidélité des hommes
monarchiques à notre foi, à notre dévouement, et qu'ils
s'arrêtent attentifs à méditer sur ce parallèle.

SYSTÈME

DE

LA MÉDITERRANÉE,

PAR MICHEL CHEVALIER.

> La paix est aujourd'hui la condition
> de l'émancipation des peuples.

SYSTÈME

DE

LA MÉDITERRANÉE.

LA PAIX CONSIDÉRÉE SOUS LE RAPPORT DES INTÉRÊTS.

20 janvier 1832 (1).

Après les événemens de juillet les esprits étaient préoccupés des souvenirs de la révolution française; l'idée de la guerre traversa tous les esprits. On sentait que ces événemens avaient un caractère européen; mais on ne concevait pas que les principes d'émancipation pussent se répandre sur l'Europe autrement qu'à la suite des armées françaises; on croyait que, pour pénétrer, le progrès devait avoir son passe-port écrit sur un boulet. Ceux même qui éprouvaient le plus vive-

(1) Date de l'insertion dans *le Globe.*

ment le besoin de la paix le ressentaient en égoïstes. S'ils repoussaient la guerre, ce n'était point qu'ils eussent en eux un sentiment des véritables intérêts européens supérieur à celui qui animait les libéraux; c'était plutôt parce que, dépourvus de larges sympathies, imbus des préjugés d'une nationalité étroite, ils se refusaient à exposer la France à un choc violent et ruineux, avec la pensée cependant que ce choc eût été utile au monde. *Le sang français ne doit couler que pour la France*, dit M. Périer : *Chacun chez soi, chacun son droit*, dit M. Dupin.

Nous-mêmes alors nous partageâmes l'erreur commune. Sortis récemment des rangs des libéraux, nous caressions encore quelques-unes de leurs chimères. Plusieurs fois, de novembre 1830 en juin 1831, *le Globe* a dit à ses lecteurs : « La guerre est inévitable. » Un seul homme parmi nous sentait nettement que le règne de la force brutale était à son terme; que l'Europe ne pouvait plus être mise à feu et à sang de Cadix à Saint-Pétersbourg. Seul, calme au milieu des troubles de tous les rois, de tous les cabinets, de tous les hommes politiques, il pressentait que le progrès des nations s'accomplirait pacifiquement; cet homme est celui qui depuis deux mois est seul au sommet de notre hiérarchie.

Il y a cinquante ans le système industriel de l'Europe était fort peu avancé. La population ouvrière était peu considérable relativement à ce qu'elle est aujourd'hui. La plupart des grands centres de fabrication n'existaient pas ou n'étaient qu'en noyau. La presque totalité des bras était employée à l'agriculture, et l'agriculture alors était ce que malheureusement elle est à peu près aujourd'hui encore, c'est-à-dire barbare, féodale, et presque complétement isolée, dans son mouvement, des institutions de crédit. Alors il n'y avait pas comme aujourd'hui entre les commerçans de tous les pays, sinon association, du moins solidarité évidente. La puissance des banquiers était alors rudimentaire. Une guerre alors déplaçait assurément beaucoup d'existences, une guerre était alors une source de perturbations déplorables. Toutefois alors la guerre n'ébranlait pas l'ordre social dans ses fondemens les plus intimes.

Depuis lors est survenu d'abord le blocus continental; système fort vicieux lorsqu'on l'envisage tel que Napoléon l'avait conçu, et en face du but qu'il s'était proposé en le décrétant. Mais il est écrit que tous les projets, même les plus rétrogrades, les plus extravagans, finissent par tourner au profit de la civilisation. Telle est la loi providentielle qui régit l'humanité; ainsi s'aplanit sans cesse pour les populations la voie du progrès, malgré les efforts des puissans génies qui viennent par momens se mettre à la traverse. Mettre hors la loi le peuple le plus travailleur, intercepter, par décret daté de Berlin, les relations commerciales les plus importantes qui fussent au monde, était un rêve tel qu'en pouvait former un géant audacieux qui, s'appelant l'homme du destin, avait pensé que sa volonté était la providence de la terre. Néanmoins, en fait, le blocus continental a singulièrement favorisé le développement manufacturier du continent. La paix dont le monde a joui depuis 1815 a bien autrement changé la condition de l'Europe. L'industrie manufacturière a pris un essor prodigieux.

Ce résultat est très-sensible en France. Les villes de fabriques y ont doublé de population depuis 1790, et ce surcroît de population est presque entièrement absorbé par les travaux des manufactures et des ateliers qui en ressortent. Lyon et Rouen et les villages qui les environnent ne sont plus reconnaissables : Saint-Étienne et Mulhouse, qui n'étaient que de petites villes, se sont transformées en grandes cités. L'Alsace et la Lorraine d'un côté, le Forez et le Dauphiné d'un autre, se sont couverts de filatures, de fabriques de cotonnades, de soieries et de dentelles. La Flandre et l'Artois sont parsemés de ces hautes cheminées qui indiquent au loin la présence des machines motrices. Le sucre de betteraves dans les départemens du Nord, la porcelaine dans le Limousin, la soude dans la Provence, les aluns et les tissus de coton dans l'Aisne, sont des industries qui n'existaient pas même en germe il y a cinquante ans. Dans la Champagne et la Bourgogne la fabrication du fer, de la fonte ; dans le Doubs et dans les Vosges, celle du fer-blanc et de la tôle s'est considérablement élargie. L'exploitation des mines, qui était grossière, superficielle et bornée, a décuplé peut-être depuis lors ; et cependant elle est bien rétrécie encore en comparaison de ce que l'on sent qu'elle doit et peut être. Car, par exemple, les riches bassins houillers de Firmy (Aveyron), d'Alais (Gard), de Saint-Gervais et de Bédarieux (Hérault), sont à peine effleurés, et un grand nombre de gîtes sont tout au plus reconnus. Il n'est pas un cours d'eau le long duquel ne s'échelonnent des forges ou tréfileries, des lavoirs à mine, des moulins à farine, à huile ou à cailloux, des papeteries et des scieries ; pas de pays de plaine sur l'horizon duquel ne se projettent les hautes cheminées des machines à vapeur. Les fabriques de produits chimiques qui n'existaient pas il y a cinquante ans abondent aujourd'hui ; en un mot, depuis un demi-siècle la civilisation a enfanté en France des milliers d'établissemens dont la vie est le *crédit*. Leur prospérité est la *seule* condition d'existence de plus de six millions de têtes qui y gagnent leur salaire au jour le jour, et d'une foule innombrable de capitalistes et de rentiers grands et petits qui y ont placé ce qu'ils possèdent. De leur maintien dépend celui de presque toutes les fortunes ; car tous les intérêts sont inextricablement liés à un intérêt aussi grave. S'ils venaient à s'arrêter, ce serait une paralysie du corps social.

Or ceci est vrai pour un grand nombre de pays, pour l'Angleterre bien plus encore que pour la France. C'est vrai surtout pour la Prusse, dont le gouvernement, fort entendu en administration, a singulièrement développé l'activité industrielle; et voilà pourquoi toute la crânerie de quelques officiers prussiens n'a pas trouvé bon accueil dans le conseil de Frédéric-Guillaume.

Les publicistes qui ont réclamé ou désiré la guerre, ceux qui aujourd'hui la croient probable, n'ont pas conscience de l'importance actuelle du *crédit* industriel. Ils ignorent presque l'existence de ce nouvel élément-social. Ils ne sentent pas que c'est là un intérêt bien autrement pressant que ne peuvent l'être maintenant tous les intérêts de parti ou de classe. Sous ce rapport tout le monde aujourd'hui a ses *mines d'Anzin;* tous, jusqu'au plus mince manouvrier, qui, si un embrasement guerrier éclatait en Europe, n'aurait plus de place en son atelier.

L'industrie est éminemment pacifique. Instinctivement elle repousse la guerre. Ce qui crée ne peut se concilier avec ce qui tue. Le premier effet d'un bruit de guerre est de suspendre le crédit, une déclaration de guerre l'anéantirait. Or supprimez le crédit, et il n'y a plus que ruine et misère pour cette immense armée d'industriels qui depuis cinquante ans est sortie de terre pour la féconder et l'embellir, dont les banquiers sont les chefs, et qui descend jusqu'au plus humble des terrassiers. Dès lors la guerre serait la destruction d'une des branches de la civilisation; la guerre serait la rétrogradation; la guerre, au lieu d'émanciper les populations, en ferait des troupes de prolétaires affamés, trop heureux pour vivre d'accepter le vasselage des propriétaires fonciers, qui auraient eu plus de moyens que tous les autres d'arracher à l'incendie quelques débris de leur richesse. Ce serait la reconstruction de la féodalité.

Et c'est précisément parce que la guerre entraînerait d'aussi effroyables malheurs qu'elle n'est pas possible , car l'immense puissance de l'industrie qu'elle tendrait à écraser suffira pour lui opposer une insurmontable barrière.

Les banquiers étaient des gens de médiocre importance il

y a cinquante ans. La finance d'alors comptait quelques
hommes à haute renommée, comme Necker et M. Delaborde,
par exemple; mais en masse les banquiers étaient sous le
poids des traditions et de la réputation des publicains, des
lombards, des traitans. Nous ne prétendons pas dire qu'aujourd'hui ils soient exempts des habitudes d'agiotage et de cu-
pidité. Nous nous proposons même de dévoiler quelque jour,
dans une vue toute de moralisation, des turpitudes qui font
partie intégrante des us et coutumes de la haute finance. Mais
il est certain qu'avec le développement des établissemens industriels qui vivent de *crédit*, les hommes qui disposent du
crédit ont acquis une importance sociale immense. Beaucoup
de raisonneurs, et des plus libéraux, ont trouvé inconvenant
le propos prêté à un célèbre banquier : « La maison de
» Rotchschild, aurait-il dit, est dans les relations les plus
» amicales avec la maison de Habsbourg. » Nous ignorons
si le mot a été proféré; mais, après tout, ce serait la consta-
tation d'un fait dont les libéraux doivent se féliciter, car il
révèle l'accroissement de la puissance industrielle, qui tous
les jours empiète sur la féodalité; c'est que les banquiers
commencent à traiter de pair avec les gouvernans féodaux ou
quasi-féodaux qui régissent l'Europe entière. Bien plus,
ceux-ci ayant besoin de crédit sont, sous ce rapport, sous la
dépendance des banquiers qui le distribuent. Du jour où les
banquiers voudront former eux aussi leur sainte-alliance, du
jour où ils se seront réunis en congrès, leur puissance politique sera fondée; de ce jour aussi les banquiers, se sentant
une haute mission à remplir, grandiront à leurs propres yeux,
et se dépouilleront de l'égoïsme mesquin et avaricieux qui
aujourd'hui les rapetisse.

Faire la guerre peut sembler très-beau à des imaginations
que l'éducation des colléges a perverties; quand on a passé
toute sa jeunesse à contempler tous les grands conquérans,
Bacchus, Agamemnon, Cyrus, Alexandre, César, Attila,

Clovis, Godefroy de Bouillon, Tamerlan et cent autres;
quand on a la tête pleine des bulletins de la grande armée,
des récits du champ d'honneur et des anecdotes du bivouac
napoléonien; quand on a été habitué dès le berceau à admirer
de toute son admiration ces grandes scènes de carnage où des
peuples entiers étaient exterminés d'un coup, quand on a été
accoutumé à mesurer la grandeur des batailles par le nombre
d'hommes qui y ont été immolés, et qu'on a entendu citer,
comme les faits les plus glorieux de l'histoire de la civilisation,
les victoires d'Arbelles, celles de Marius et de Catulus contre
les Teutons et les Cimbres, de Pharsale, de Châlons-sur-
Marne remportée par Mérovée sur Attila, celle de Tolbiac,
celle de Tours gagnée par Charles Martel sur les Sarrasins,
précisément parce que chacune d'elles a vu périr, au compte
des historiens, cent mille, deux cent mille ou trois cent mille
hommes, il est fort simple qu'on rêve la guerre et qu'on
veuille aller cueillir des lauriers à l'ombre du drapeau d'Arcole, d'Austerlitz et des Pyramides; comme si l'humanité devait toujours se répéter, et comme si ce qui a été beau et utile
à une époque arriérée devait nécessairement l'être toujours.
Mais quels seraient aujourd'hui les lauriers d'une guerre *révolutionnaire?* et il ne peut y en avoir d'autre; quelles en seraient les chances, quels en seraient les résultats? c'est ce que
j'examinerai dans un prochain article.

IMPOSSIBILITÉ DE FONDER UN ÉQUILIBRE EUROPÉEN PAR LA GUERRE.

31 janvier 1832.

Quels seraient les caractères d'une guerre européenne, quels en seraient les résultats, quelles en seraient les chances? avons-nous dit à la fin de notre premier article. C'est ce que nous allons examiner aujourd'hui.

Une guerre européenne aurait pour but, dans l'esprit des libéraux qui la veulent, de mettre à bas toute aristocratie, et d'aller partout, les armes à la main, implanter dans la pratique gouvernementale les principes démocratiques.

Définissons en termes plus précis cette tentative révolutionnaire telle quelle peut être conçue par une tête républicaine aux larges idées.

Il s'agirait en France d'introniser la république, que la grande propriété abhorre, dont le nom seul fait frissonner les industriels sans être pour cela populaire parmi les ouvriers qui emplissent les villes, et de lancer ensuite aux frontières les quatorze armées de la Convention.

Il s'agirait, en ce qui concerne l'Angleterre, 1° d'entamer une lutte à mort entre une aristocratie puissante, tenace et habile et une population ouvrière, audacieuse, énergique ; mais plus arriérée que celle de France de toute la distance qui sépare les brigandages de Bristol de la modération des prolétaires lyonnais devenus maîtres, au prix de leur sang, d'une cité opulente ; 2° de retirer de leurs ateliers une partie de ces prolétaires ardens pour les verser sur l'Europe avec leurs frères de France.

Il s'agirait, dans la péninsule, de mettre aux prises une faible minorité constitutionnelle éclairée, dans l'aisance, mais mal reliée, dont le vocabulaire républicain fait médiocrement vibrer le cœur, avec un clergé opulent et compact, soutenu par des masses innombrables que le catholicisme a imbues d'un sentiment de hiérarchie et de religion, et auxquelles le libéralisme, dont l'essence est la négation directe de toute religion et de toute hiérarchie, inspire un profond dégoût.

En Italie, la question serait à peu près la même que pour l'Espagne, excepté pour la Lombardie, les Légations, le Piémont, Gênes, Venise, qu'une oppression brutale doit avoir disposés à accepter momentanément une réaction libérale, et à reconstituer une république cisalpine et ligurienne.

Le régime républicain est sans poésie ; il a trop d'aridité et de sécheresse pour pouvoir se concilier avec cette grâce insinuante, cette pétillante élégance qui sont la vie de l'Italie. L'Italie n'est point un pays de scrutins, de formules parlementaires, où l'on sache discuter un budget sou à sou : c'est la terre où l'on couronne Pétrarque et le Tasse ; c'est une terre d'éclat extérieur où les pompes du Vatican et les chef-d'œuvres de Raphaël et de Michel-Ange ont succédé au merveilles du Colysée, aux prodigieuses fêtes des édiles, aux jeux brillans de Néron et d'Adrien. Le régime républicain est trop mesquin, trop dépourvu de hautes solennités pour être compatible avec la dignité et la majesté castillane. La péninsule enfante des Charles-Quint et des Vasco de Gama, et adopte des Colomb. Elle élève sous les Maures l'Alhambra, sous

Philippe II l'Escurial; elle féconde de ses colonies un continent immense. Son héroïsme colossal se transmet intact, à
travers deux mille ans, de Sagonte à Sarragosse. Elle ne
s'enthousiasme que pour des œuvres de géant; elle dédaigne
ce qui n'a pas cent coudées; elle ne peut trouver d'élan pour
d'étroites réformes, d'ardeur pour un replâtrage, de sympathie
pour les discussions terre à terre, confuses, des assemblées dé-
libérantes, et elle se laisse envahir plutôt que de se décider à
défendre de mystiques droits et des garanties constitution-
nelles qui respirent la méfiance et l'égoïsme. Il n'y a au monde
qu'un peuple qui puisse, selon le temps et les besoins de la
civilisation, s'accommoder tour à tour de la pompeuse royauté
de Louis XIV et de l'austérité de la Convention, qui puisse
passer de la magnificence napoléonienne au constitutionna-
lisme bourgeois de la restauration; il n'y a qu'une nation au
monde à qui il ait été donné de pouvoir être éminemment
catholique aux jours des croisades, éminemment artiste sous
Louis-le-Grand, éminemment sensuelle sous le régent, éminemment conquérante sous la république et l'empire, éminemment laborieuse et pacifique sous la restauration; qui,
après avoir trôné sur le monde avec Napoléon, puisse pendant
quinze ans se consacrer à suivre avec une admirable sagacité
les étroits défilés d'un subtil parlementarisme. Cette nation,
douée d'une flexibilité *énergique* et *rationnelle*, cette nation
LIANTE, c'est la France.

Revenons à la guerre.

L'Allemagne du midi, comprenant la Bavière, le Tyrol,
le Wurtemberg, Bade et la Hesse, et une partie des provinces du Rhin, éprouve en ce moment une oscillation démocratique bien caractérisée, et si la France se constituait révolutionnairement, elle y trouverait des partisans à résolutions
énergiques. Mais l'Allemagne du nord, la Prusse qui est
la partie la plus originale de l'Allemagne; la Prusse en qui
respire dans sa pureté le génie *teutonique*, est aujourd'hui lan-

cée dans une voie qui n'est point celle du libéralisme, quoiqu'elle soit progressive; la Prusse est en travail de religiosité; son protestantisme se fait pour ainsi dire *catholique*, en ce sens qu'il s'alimente des sentimens d'unité, d'autorité, de palingénésie générale. En Prusse la philosophie voltairienne est beaucoup moins goûtée que dans l'Allemagne du midi. Les principes de 89 sont peu en faveur dans les universités. On n'y est pas absolutiste, mais on y a peu de penchant pour le criticisme pur. On y sent que les principes du libéralisme français n'ont qu'une valeur de désorganisation. Dès lors quant à l'Allemagne, il s'agirait d'imposer, les armes à la main, aux états du Nord, les goûts, les idées et les sentimens des états représentatifs du Midi.

Il s'agirait de vaincre une formidable résistance de la part de l'Autriche avec la Hongrie et la Bohême, car c'est une terre qui repousse la semence républicaine. Le sentiment de hiérarchie, d'obéissance, y est profondément établi dans le sol. Dans la diète hongroise il a été prononcé quelques mots de liberté; la politique de M. de Metternich y a rencontré quelques opposans énergiques; mais à ces protestations c'est l'esprit de caste qui a la plus grande part. L'aristocratie des magnats, qui est éclairée et animée de sentimens souvent progressifs, porte impatiemment le joug du conseil aulique; mais ses réclamations ont bien plutôt pour objet la restitution de ses franchises féodales et de ses prérogatives de nationalité, que l'application au régime social des principes d'égalité, tels par exemple qu'ils existent déjà en France. Entre la noblesse hongroise et les paysans il y un abîme sur lequel le libéralisme ne jettera pas le pont.

Quant à la Russie, le libéralisme n'a chez elle aucune place. Elle doit instinctivement s'opposer à un débordement démocratique, parce qu'elle ne peut pas le comprendre. Le peuple russe est un peuple tout obéissant, tout d'imitation, tout passif. C'est une *nation-enfant* qui un jour s'emporte, et dans sa fureur égorge les médecins qui traitent le choléra, dévaste les hôpitaux et s'enivre des liqueurs que les hommes de l'art lui interdisent, et qui tout à coup, voyant venir le *virum quem*, son tzar, s'arrête, se tait, s'agenouille, et à son commandement se disperse la tête basse. De ces hommes qui ne se conçoivent eux-mêmes que comme des instrumens à exécution ponctuelle, vouloir faire des républicains à la personnalité extrême, à l'indépendance jalouse, serait une haute folie. Le gouvernement russe, habitué à manier cette masse non élastique, ces automates non initiés encore à la spontanéité, dont toute la vie n'est qu'une série de manœuvres semblables à la charge en douze temps, ne comprend pas les prétentions des autres peuples plus avancés à des institutions qui dégagent l'individualité, qui donnent du jeu à chaque ressort. C'est là une des causes pour lesquelles le cabinet de Pétersbourg s'est constamment tenu si hautain envers la révolution de juillet.

Voici ce que serait la guerre :

La France et l'Angleterre, soutenues par les petits états de l'Allemagne du midi et par l'Italie septentrionale, entreraient en lice contre l'Autriche, la Russie et l'Allemagne du nord. Le reste des états, l'Espagne entre autres, n'y joueraient qu'un rôle insignifiant.

Tout homme qui n'est pas un étourdi, qui veut la guerre dans un intérêt de civilisation, dans la persuasion que c'est l'unique moyen d'*en finir*, comme on dit, avec toutes les aristocraties de l'Europe, sent nettement que la guerre ne pourrait être soutenue avec succès par le parti qui la veut, qu'à la condition d'allumer au cœur des masses une fièvre démocratique. Et comme il n'est rien que les classes supérieures redoutent autant en France et en Angleterre, il en résulterait certainement division profonde au sein de ces deux peuples. Surexcitée par la contradiction, l'ardeur révolutionnaire irait toujours croissant chez les prolétaires de l'une et de l'autre nation : de là excès démagogiques qui seraient sérieux en France, effroyables en Angleterre. Le parti de la guerre, pour briser la résistance des classes élevées, pour éviter la guerre civile ou pour la réduire, n'aurait bientôt d'autre moyen que de gouverner *révolutionnairement;* et ce serait une épouvantable débâcle des intérêts matériels. Une forte part des richesses de l'humanité entière, dont la France et l'Angleterre sont dépositaires, serait engloutie : l'industrie rétrograderait d'un demi-siècle.

Passons sur les désastres de la guerre, sur les maux que les autres nations belligérantes auraient à endurer. Jetons le voile sur les immenses difficultés qu'éprouvent les armées qui se sentent, vis-à-vis de leur patrie, dans la situation où fut la grande-armée pendant les cent jours. La guerre est terminée en six mois. Le coq gaulois et le léopard sont entrés victorieux à Vienne, à Berlin, à Madrid, à Rome. La nationalité polonaise est reconstituée. Le tzar, battu à Wilna, à Smolensk, épuisé, sans crédit, a demandé la paix. On a pris des canons à construire dix colonnes Vendôme ; on a enlevé des drapeaux à pavoiser Paris de la barrière du Trône à l'arc de triomphe de l'Étoile. Que faire alors, comment terminer la crise qui travaille l'Europe, comment *en finir* avec les aristocrates?

Aucun des partisans de la guerre ne s'est posé cette simple question.

On ne change pas la nature d'un peuple pour l'avoir vaincu. Lorsque dans une nation les masses sont compactes avec leurs chefs, on ne rompt point ses sentimens hiérarchiques ni la solidarité qui existe entre ses membres, pour lui avoir écrasé dix armées sous le canon.

S'il avait été possible d'*en finir* par la guerre avec les féodaux, le géant des batailles, Napoléon, *en aurait fini*. Napoléon a trois fois réduit l'Autriche à demander la paix, deux fois il a eu entre ses mains la destinée d'Alexandre, il a foudroyé le roi de Prusse et l'a tenu six ans sous ses pieds; il a levé des contributions, mis des garnisons dans les forteresses d'Allemagne; il a assis ses frères sur des débris de trône, il a pétri l'Europe, fors l'Angleterre, dans sa large main, et il n'a pu *en finir*. Chez les peuples où le libéralisme est sans racines, où il n'a jamais vécu qu'en serre-chaude, les républicains n'ont qu'un moyen d'*en finir* de manière à ne plus recommencer, de manière à ne plus voir les lugubres journées de Leipsick après celles d'Austerlitz et d'Iéna, c'est de raser les villes, d'emmener les populations, de maudire les terres d'un anathême sans fin, et, pour signe de malédiction, de les labourer une dernière fois en y semant du sel.

Car, encore un coup, pour éviter cette horrible solution, il faudrait que les peuples de l'Autriche, de la Prusse et de la Russie, pussent être initiés à la pratique libérale, aux habitudes d'égalité jalouse et d'indépendance ombrageuse. Or le génie de ces peuples s'y refuse. Leur progrès ne peut être réalisé que par le concours direct de l'aristocratie et de leurs gouvernemens, car ce sont des gouvernemens ou des aristocraties jouissant aujourd'hui entre leurs frontières d'une popularité de fait.

Et c'est précisément parce que la guerre, si elle offrait le moyen de sortir de la crise européenne, n'y conduirait qu'à l'aide de ces mesures préventives à l'Attila, c'est pour cela que la guerre est aujourd'hui sans but et qu'elle ne peut avoir lieu.

Nous trouvons au reste tout simple que les républicains, tant qu'ils resteront républicains, veuillent la guerre. Les hommes à doctrines exclusives, républicains et féodaux, doivent consciencieusement la désirer. Chacun de ces deux partis ne conçoit pas de conciliation possible avec le parti opposé; il cherche son progrès dans la ruine de l'autre. Nous sentons que, placé à ce point de vue de réprobation absolue pour ce qui leur fait obstacle, des hommes généreux, tels que sont les républicains, exaspérés par des actes de bassesse, par le sacrifice de la Pologne et de l'Italie, brûlent d'en venir encore une fois aux mains avec ce qui est pour eux le génie du mal. Mais toute doctrine exclusive ne pouvant réussir que par l'extirpation et l'extermination, n'est pas une doctrine d'avenir, et ce n'est pas la république qui dotera les peuples de l'émancipation, pas plus que ce n'est le principe de la légitimité par droit de naissance qui leur rendra l'ordre après lequel ils soupirent.

Une guerre révolutionnaire serait d'ailleurs peu populaire en Europe, même parmi les masses. La liberté des libéraux a perdu de son prestige, parce qu'elle n'est pas la liberté de l'avenir. La liberté sans association, c'est-à-dire sans hiérarchie, est l'isolement, et l'isolement est un manteau de glace. La liberté républicaine n'a plus le don *de soutenir, de conduire les bras vengeurs.* Les révolutions qu'elle avait suscitées avortent. Cette insurrection belge, si glorieuse aux premiers jours, est aujourd'hui sans ressort. En Italie, même en l'absence des baïonnettes autrichiennes, la voix de la liberté est à demi éteinte. En Espagne le libéralisme ne marque plus ses jours que par les catastrophes des hommes de cœur qui voudraient le ranimer. En Portugal, là où don Miguel règne de moitié avec le bourreau, la présence d'une flotte française victorieuse dans le port de Lisbonne n'a pu arracher signe de vie au parti libéral. En Pologne enfin c'est au nom de l'indépendance nationale que nobles et paysans ont pris les armes; et lorsque les jeunes hommes qui avaient enlevé le château du Belvéder voulurent franchir les limites du doctrinarisme et faire un appel à la démocratie, leur parole fut sans écho, et ils ne recueillirent que des outrages. La liberté qu'adoptèrent nos pères et qui leur inspira tant d'héroïsme n'a fait que passer; elle est aujourd'hui sans inspiration et sans culte.

Ainsi ce n'est point la guerre, non plus que tout autre moyen que peut enseigner toute doctrine exclusive, qui changera la face de la terre et réalisera le progrès des nations. Les chances de prospérité sont dans la paix. Je commencerai à dire dans un prochain article comment on pourrait instituer une paix durable et féconde.

LA PAIX DÉFINITIVE DOIT ÊTRE FONDÉE PAR L'ASSOCIATION DE L'ORIENT ET DE L'OCCIDENT.

(5 février 1832.)

Dans les articles précédens nous avons établi, par voie *négative*, que la paix était désormais indispensable au repos des peuples, en prouvant que la guerre, loin de fournir les moyens de terminer la crise actuelle, ne tendait qu'à l'aggraver. Cette démonstration est insuffisante en ce sens qu'elle n'offre aucune conclusion *pratique réalisable*. Nous entrerons maintenant dans la voie *positive*, c'est-à-dire que nous exposerons les traits principaux d'un plan au moyen duquel on pourrait doter le monde de la paix et assurer à jamais aux peuples un avenir pacifique de prospérité et de gloire.

Et d'abord posons les termes généraux du programme à remplir pour fonder cette paix brillante et féconde.

Le monde est livré à un continuel mouvement oscillatoire; il cherche une assiette définitive, et il n'a pu encore la trouver, parce que l'état que chacun concevait comme stable était fondé sur l'oppression d'une partie des peuples, et au sein de chaque peuple sur l'exploitation de plusieurs classes.

L'état normal que concevait la catholicité avait pour condition l'*anéantissement* des hérétiques et l'*extermination* des infidèles. Napoléon ajournait la pacification du monde jusqu'à la *ruine* de l'Angleterre. Aujourd'hui, suivant les légitimistes, pour rétablir l'harmonie en Europe, il faudrait l'*écrasement de l'hydre révolutionnaire* et de la *cupide Albion;* au gré des républicains, c'est l'Autriche, la Prusse et la Russie (1) que, dans le but d'assurer le bonheur du monde, il serait urgent de *fouler aux pieds*. Tous ces plans ont échoué ou échoueront, parce qu'un plan fondé sur l'anéantissement l'extirpation, l'extermination ou la ruine de quelques peuples, ou de quelques classes au sein de chaque peuple, est un plan arriéré. Les jours de la *réprobation absolue*, de la *damnation*, sont finis, aussi bien pour les individualité-peuples que pour les individualité-hommes. Tous sont appelés et tous seront successivement élus. Chaque peuple, chaque classe a son génie propre, sa destination particulière. L'œuvre humanitaire est une et multiple à la fois. Les peuples sont les membres de l'humanité; l'humanité ne sera heureuse que lorsqu'elle aura le libre exercice de tous ses membres, c'est-à-dire, lorsque chaque peuple occupera dans l'atelier, dans le laboratoire et dans le temple, la place que lui assigne sa nature. Celui qui, ne sachant quel rôle offrir à un peuple (parce qu'il ne sent pas le mode de vitalité qui est en ce peuple), lui dit anathème, parle de le *ruiner*, de l'*exterminer*, de l'*écraser*, comme s'il y avait un génie du mal dont ce peuple fût l'incarnation, fait ainsi lui-même la critique la plus convaincante de ses théories de régénération sociale.

Pour être à même de tracer le plan de pacification dont la mise en pratique arrêtera le torrent de dissolution, de frayeur et de ruine qui déborde sur le monde, il faut sentir ce qu'il y a de légitime dans le sentiment réel et incontestable de

---

(1) Et qu'on ne fasse pas ici la distinction entre les peuples et les gouvernemens; car dans ces pays il y a solidarité de *fait* entre les gouvernans et les gouvernés.

hiérarchie, d'unité et d'ordre qui est essentiel aux peuples du Nord ainsi qu'à l'Autriche et à l'Espagne, et qui est maintenant assez vif chez presque toutes les nations pour les rendre impropres à l'inoculation des principes révolutionnaires; par conséquent il faut renoncer à les régénérer en leur insinuant ou en leur imposant ces principes. Eh quoi! n'est-ce pas assez que la généreuse France ait à elle seule subi le cataclysme d'une révolution terrible? n'est-ce pas assez qu'elle ait reçu le baptême de feu, et qu'elle se soit audacieusement enfoncée dans le bain de sang? Pourquoi, grand Dieu! ses mérites et ses travaux ne profiteraient-ils pas à l'humanité tout entière? La France a bu le calice révolutionnaire, elle l'a avalé d'un trait; la France est montée sur la croix; la France a été le Christ des nations. Elle a acheté le progrès et la paix du monde par ses trésors, par ses angoisses et par la vie de ses fils éparse sur tous les champs de bataille. Le génie des révolutions n'a plus à visiter les peuples; il n'ira plus en soulever aucun, pas même l'Angleterre, où cependant, au premier abord, une effroyable collision paraît si imminente entre une orgueilleuse aristocratie et d'impatiens prolétaires.

Le pacificateur du monde tendra la main à tous les peuples; il leur ouvrira la carrière à tous, sans placer à l'entrée des gardes qui les obligent à revêtir la tunique de la démocratie. Il n'hésitera pas à admettre dans le cortége de la civilisation ceux qui, par leurs mœurs de docilité extrême, tel que l'Autrichien, excitent aujourd'hui le dédain des Français ou des Anglais à l'indépendance jalouse; non plus que ceux qui, par la délicatesse raffinée de leur esprit, tel que l'Italien, ou leur exclusive passion du grandiose, tel que l'Espagnol, ne peuvent se plier à l'aridité ou à la mesquinerie du parlementarisme. De même, au sein de chaque peuple, il n'exclura aucune classe; ni ceux qui, comme en France les légitimistes, auront poussé l'amour de l'ordre jusqu'à vouloir ressusciter l'ordre du passé, ni ceux qui, comme quelques républicains fougueux, se seront laissé emporter par la haine de la féodalité jusqu'à sanctifier le nom de Marat et proposer comme exemple à l'univers le règne de la guillotine. Le pacificateur accueillera tous; à tous, peuples, classes et individus, il assignera, suivant leur vocation, une place distincte, une œuvre distincte dans l'œuvre commune. Il ménagera un cours à toutes les spontanéités. Il régularisera les virtualités qui, comprimées, éclatent ou s'échappent en écarts. Il fera grandir chaque individualité, race, peuple, classe ou homme, suivant la loi qui lui est propre, en lui apprenant à s'appuyer sur tous et à aider tous, en la reliant à tous. Par lui le monde entier, successivement entraîné, gravitera vers l'association universelle à travers les pompes de l'industrie, l'éclat de la science et les jouissances des arts.

Je dis le monde entier; car il ne s'agit pas seulement de comprendre dans les prévisions les plus prochaines de pacification tous les peuples qui firent partie d. l'aggrégation catholique européenne. Ce ne sont pas seulement les membres de la ci-devant chrétienté qu'il s'agit de concilier et d'associer. S'il était possible d'établir la paix, même parmi les chrétiens d'Europe, en bornant ses prévisions à leur cercle, le catholicisme l'aurait fait. Il s'est passé au monde des luttes plus acharnées et plus longues que celles où les nations chrétiennes s'entre-déchiraient les flancs; l'Occident et l'Orient en portent encore les cicatrices. Il y a proche de nous, aux portes de l'Europe et dans son propre giron, des peuples à caractère profondément tracé, qui furent puissans par la science, par les arts, autant que par le glaive, et qui ne sont pas chrétiens, qui n'ont jamais pu l'être; informez-vous-en près des Arabes et des fils d'Othman. Il y a des terres fécondes, riantes et célèbres où l'austère christianisme a séché sur pied; demandez plutôt au dôme de Sainte-Sophie, à la belle Damas, aux rives de l'Oronte, aux minarets de Jérusalem, aux ruines de Balbec et de Memphis. Les peuples chrétiens ne sont pas aujourd'hui les seuls qui aient soif de progrès. Si vous en doutez, demandez-vous quel est ce sultan qui a dompté les .ortas indisciplinés de janissaires, fait passer à la clémence le seuil de la Sublime Porte, jusque-là gardé par des muets et des eunuques à poignard (1); qui publie à Stamboul un *Moniteur* en langue française, qui s'entoure de la civilisation de l'Occident; ou encore demandez-vous à quelle fin Mehmet-Ali, le pacha industriel, envahit maintenant le pays des Phéniciens et range à sa loi le littoral sur lequel s'élevèrent Sidon et Tyr; réfléchissez sur la présence d'une armée française dans la partie la plus fertile de la côte d'Afrique, ou enfin interrogez la Grèce, qui, secouant une léthargie séculaire, est sortie du cercueil où elle gisait, et qui maintenant, assise demi-nue sur les ruines du Parthénon, tend les bras à l'Occident, et réclame de lui la civilisation qu'elle a tant contribué à lui donner.

Le plan de pacification devra donc faire une vaste part à l'Orient. Le jour de la pacification du monde sera celui où sera signé le traité de paix qui clorra la rivalité immense de l'Orient et de l'Occident, qui pendant le cours de plus de trente siècles, à partir des campagnes du fabuleux Bacchus, se sont heurtés l'un contre l'autre, un jour sous les murailles de Troie, le lendemain aux Thermopyles, à Salamine et à Platée; plus tard, sous la figure d'Alexandre et de Darius, au Granique et à Arbelles; puis en la personne de Rome et de Carthage, à Sagonte, à Trasimènes, à Cannes, à Zama. La paix universelle sera conclue dès que sera terminée cette lutte dévorante, qui fit couler des flots de sang entre les Romains et les Parthes, entre Auguste et Antoine, entre le Bas-Empire et les Perses, entre les Latins et les Grecs,

---

(1) Les pachas rebelles de Scutari et de Bagdad, soumis par la force des armes, viennent d'obtenir la vie sauve et ont pu se retirer paisiblement dans la retraite qu'ils avaient choisie.

entre les Sarrasins, Maures et Turcs, et la chrétienté. Apparemment, toute vanité européenne à part, il n'y a pas de combats qu'on puisse mettre en parallèle avec ces combats éternels qui précipitaient l'Europe à travers l'Asie jusqu'aux bouches de l'Euphrate et jusqu'à l'Indus , et qui ramenaient l'Asie à travers l'Europe , comme un torrent qui a rompu sa digue. Apparemment ce prodigieux mouvement de flux et reflux, où des flots de peuples, traînés à la suite des Agamemnon et des Hector, des Xercès et des Thémistocle, des Alexandre et des Darius, des Annibal et des Scipion, des Pompée et des Mithridate, des Julien et des Kosroès, des Kaleb, des Ali et des Omar contre les Godefroi, les Frédéric et les Baudouin, des Charles Martel et des Abdérame, des Saladin et des Richard, des Mahomet II et des saint Louis, des Dandolo et des Soliman, des Charles-Quint et et des Hariadan-Barberousse, des Huniade et des Amurat, des Sobieski et des Mustapha, de Pierre-le-Grand et du grand-visir Mehmet, venaient avec furie se choquer et se broyer l'un contre l'autre, et superposer l'une à l'autre des couches de civilisation ; apparemment, dis-je, ce mouvement par son étendue, sa durée et son intensité, efface tous les autres mouvemens belliqueux qui se sont passés à la surface du globe. La lutte la plus colossale, la plus générale et la plus enracinée qui ait jamais fait retentir la terre du fracas des batailles , est celle de l'Orient et de l'Occident. Cette lutte est le caractère distinctif de la phase de civilisation qui s'est écoulée depuis l'origine des temps historiques jusqu'à nous. C'est la manifestation la plus éclatante de la guerre que se font depuis six mille ans l'*esprit* et la *matière*, le *spiritualisme* et le *sensualisme*; guerre à laquelle nous venons mettre fin.

Auprès de la guerre de l'Orient contre l'Occident toutes les autres guerres sont des dissensions intestines, des querelles de ménage ; il serait facile de les rattacher au principe même de la guerre de l'Orient contre l'Occident. La rivalité de la France et de l'Angleterre résume toutes les rixes européennes. Or de tous les peuples germains et scandinaves, celui qui est et a toujours été le plus *sensuel*, le plus avide de la *matière*, est le peuple saxon, qui s'est installé avec son propre génie dans la Grande-Bretagne (1).

Le plan de pacification qu'attend le monde doit avoir pour objet l'association, dans une œuvre commune et créatrice, des deux plus grandes puissances belligérantes qui aient jamais existé, de celles qui, dans leurs camps, ont classé tous les peuples du monde, de l'Orient et de l'Occident.

Et maintenant fixons nos regards sur la Méditerranée. Ce sont les fertiles pays qui bordent cette nappe magnifique, qui ont été les champs de bataille de l'Orient contre l'Occident. Le littoral de la Méditerranée c'est l'Espagne, qui fut conquise et reconquise par Rome et par Carthage, par les Maures et les réfugiés des Asturies ; c'est l'Italie, qui a frémi sous les pas d'Annibal, qui à son tour a inondé la terre, et qui depuis a tremblé un instant de voir les Sarrasins envahir la ville éternelle ; c'est l'Allemagne, dix fois à demi absorbée par les Turcs ; c'est la France, qui a vu les Maures jusque sur la Loire, et qui, sous Brennus, avait envoyé ses enfans sacriléges piller le temple de Delphes et s'impatroniser en Asie ; c'est l'Égypte, plus disputée encore que l'Espagne ; c'est la côte d'Afrique, où il ne reste plus que des ruines de l'opulente Carthage, où les cités florissantes, dans les basiliques desquelles prêchait saint Augustin, sont réduites à de misérables villages gouvernés par un cheik arabe grossier et ignorant ; c'est la Grèce, la poétique Grèce, la Grèce policée, la Grèce riante et fertile, que l'Orient et l'Occident se sont si souvent arrachée qu'ils l'ont mise en lambeaux ; ce sont les

____

(1) Voir sur ce sujet des détails dans *le Globe* du 14 janvier.

provinces d'Asie, naguère si riches, si belles, si vivantes, où furent Antioche et Ninive, Éphèse et Tyr, Palmyre et Jérusalem, magnifiques capitales, et Babylone, la ville du faste, la ville des plaisirs, la ville sans pareille, aujourd'hui toutes décharnées comme des cadavres. Ce littoral, en comprenant dans la Méditerranée la mer Noire, qui en effet en est une dépendance; c'est la Russie successivement subjuguée par les Polonais et les Tartares, population semi-asiatique, semi-européenne. Ce littoral encore, ce sont les îles que l'Orient et l'Occident se sont disputées pied à pied, dans des combats herculéens : Chypre, Candie, Rhodes et Malte. La Méditerranée a été perpétuellement sillonnée par des flottes ennemies. La Méditerranée a été une arène, un champ clos où, durant trente siècles, l'Orient et l'Occident se sont livré des batailles. Désormais la Méditerranée doit être comme un vaste forum sur tous les points duquel communieront les peuples jusqu'ici divisés. La Méditerranée va devenir le lit nuptial de l'Orient et de l'Occident.

Ce n'est pas en vain que les poëtes de l'Europe rêvent l'Orient, qu'ils le chantent dans leurs transports. Ce n'est pas en vain qu'ils vont y fouler une terre riante, y caresser une nature voluptueuse, y chercher la trace des gloires passées et le germe des gloires à venir. Les poëtes ont le don de prescience. Leur élan dans les régions orientales atteste qu'en effet une association est proche entre l'Orient et l'Occident.

Cette association sera consommée du jour où les princes et les peuples de l'ancien continent se seront dit : « A quoi bon nos intarissables querelles? » et que tous ils auront tourné la face vers la Méditerranée.

Car la politique nouvelle de l'ancien continent, qui doit tendre à établir une communion de plus en plus intime entre l'Orient et l'Occident, doit avoir pour premier objet, pour but immédiat, la mise en pratique d'un système destiné à régénérer les contrées qui bordent la Méditerranée, et dont la plupart ressemblent à ces malades sur la figure desquels on s'apprête à jeter le linceul de mort ; tant leur a été cruelle la situation forcée de lutte où elles se trouvent retenues depuis quelques siècles !

Du jour où ce système *méditerranéen* aura été assez élaboré pour qu'on puisse en entamer la réalisation, la paix reviendra en Europe comme par enchantement, et elle y reviendra à tout jamais ; car l'état de défiance et d'observation armée où restent les peuples et les cabinets, les uns vis-à-vis des autres, provient principalement de ce qu'ils ne se conçoivent aucun but pacifique d'activité.

Dans un prochain article, je tracerai le cadre du système *méditerranéen* ; je présenterai particulièrement les traits principaux d'un plan industriel conçu autour de la Méditerranée comme centre, tel que je l'ai conçu, sous l'inspiration primordiale de notre PÈRE SUPRÊME ENFANTIN, sur la conciliation de l'Orient et de l'Occident.

EXPOSITION

DU

SYSTÈME DE LA MÉDITERRANÉE.

POLITIQUE NOUVELLE.

12 février 1832.

La plus grande lutte, avons-nous dit, qui ait jamais fait retentir la terre du fracas des armes, celle qui a fait verser le plus de flots de sang, celle qui comprend toute la période par laquelle a passé l'humanité depuis l'origine des temps historiques jusqu'à nous, c'est la lutte de l'Orient contre l'Occident. Le plan de pacification qu'attend le monde devra être la conciliation de l'Orient et de l'Occident. Ce sera la consécration politique de l'accord qui doit exister dans l'avenir entre la *matière* et l'*esprit*, qui jusqu'ici ont perpétuellement été en guerre.

La Méditerranée avec ses rives a été le continuel champ de bataille où s'entre-déchiraient l'Orient et l'Occident. Depuis le débarquement des Grecs en Troade jusqu'à la bataille de Navarin, la Méditerranée a été le principal chemin par lequel ils sont allés l'un à l'autre se chercher le fer à la main pour s'exterminer. « La Méditerranée, avons-nous dit, doit être » désormais un vaste forum sur tous les points duquel com- » munieront les peuples jusqu'ici divisés. La Méditerranée va » devenir le lit nuptial de l'Orient et de l'Occident. »

La politique des Européens dans l'antiquité, dès que l'Eu-

9

rope eut reçu le germe du progrès par les colonies qui l'apportèrent avec elles de l'Egypte et de l'Asie, a été la soumission des barbares et des Orientaux en particulier. Chez les Grecs, Bacchus, Agamemnon et Alexandre; chez les Romains, Caton, l'ennemi de Carthage; les Scipions, Lucullus, Sylla, Pompée, ont été les principaux praticiens de cette politique.

La politique principale de la chrétienté vis-à-vis de l'Orient, tant que fut ardente la foi catholique, fut plus défensive qu'offensive, mais toujours belliqueuse : il s'agissait de *repousser* les infidèles, de *délivrer* les lit saints. Les souverains pontifes, les apôtres des croisades, tels que saint Bernard et Pierre-l'Ermite, et les princes croisés, se sont surtout consacrés à la faire embrasser et mettre en œuvre par les masses qu'ils gouvernaient de leur voix ou de leur glaive.

Après la réforme, la lutte entre l'Orient et l'Occident perdit peu à peu de son intensité. L'Orient s'assit et sembla s'endormir. Les Occidentaux, plus remuans, continuèrent à guerroyer les uns contre les autres. Depuis lors la politique européenne la plus élevée est celle qui a dicté le traité de Westphalie, que tous les traités subséquens n'ont modifié que dans ses dispositions secondaires. Elle a eu pour but et pour raison, profonde quoique ignorée cependant par beaucoup de ceux qui y ont pris part, l'abaissement de la féodalité, personnifiée dans le *saint empire.* C'est particulièrement le cabinet français qui a présidé à ce mouvement politique par Henri IV, Richelieu, Louis XIV, la Convention et Napoléon (1).

______

(1) La rivalité de la France et de l'Angleterre, qui occupe une si grande place dans l'histoire moderne, est un fait d'une moins grande généralité que la lutte dirigée contre le *saint empire.* Aussi les politiques anglais, dans des cas pressans, ont-ils renoncé à leurs projets contre la France en vue de la prééminence qu'ils auraient ainsi assurée à la cour impériale. Voilà pourquoi Henri IV trouva des secours près d'Élisabeth; et pourquoi après Denain la reine Anne fut si prompte à écouter des propositions de paix.

La politique pacifique de l'avenir aura pour objet, dans son application la plus immédiate, de constituer à l'état d'association, autour de la Méditerranée, les deux massifs de peuples qui depuis trois mille ans s'entrechoquent comme représentans de l'Orient et de l'Occident : c'est là le premier pas à faire vers l'ASSOCIATION UNIVERSELLE. La Méditerranée, en y comprenant la mer Noire et même la Caspienne, qui n'en a probablement été séparée que dans une des dernières révolutions du globe, deviendra ainsi le centre d'un système politique qui ralliera tous les peuples de l'ancien continent, et leur permettra d'harmoniser leurs rapports entre eux et avec le nouveau monde.

Considérons ce *système méditerranéen* sous le rapport industriel ; car la politique est spécialement le réglement des intérêts des peuples et des individus sous ce rapport.

COMMUNICATIONS. — LES CHEMINS DE FER.

L'industrie, abstraction faite des industriels, se compose de centres de production unis entre eux par un lien relativement *matériel*, c'est-à-dire par des voies de transport, et par un lien relativement *spirituel*, c'est-à-dire par des banques. J'accepterai provisoirement la distribution des centres de production telle qu'elle existe aujourd'hui, et je ne parlerai ici que des communications. Il y a de si étroites relations entre le réseau des banques et le réseau des lignes de transport, que l'un des deux étant tracé avec la figure la plus convenable à la meilleure exploitation du globe, l'autre se trouve par cela même pareillement déterminé dans ses élémens essentiels.

Les moyens de communications les plus faciles que l'homme emploie en grand aujourd'hui, indépendamment de la mer, que l'on rencontre toujours dans les grands trajets, sont les rivières et canaux, et les chemins de fer. Les chemins de fer n'ont été observés jusqu'ici que du point de vue industriel abstrait. Ceux qui les ont étudiés étant des ingénieurs et ne prétendant pa, à être autre chose, ont négligé la question politique et morale pour se renfermer dans la question technique. Lorsque, par exemple, ils ont comparé les chemins de fer aux canaux, ils ont été *exclusivement* préoccupés de mesurer les frais d'établissement et le coût du transport. La question de rapidité ne leur a apparu que comme secondaire, et ils ne l'ont examinée que sous le rapport de la marchandise. Aux yeux des hommes qui ont la foi que l'humanité marche vers l'*association universelle*, et qui se vouent à l'y conduire, les chemins de fer apparaissent sous un tout autre jour. Les chemins de fer le long desqnels les hommes et les produits peuvent se mouvoir avec une vitesse qu'il y a vingt ans l'on aurait jugée fabuleuse, multiplieront singulièrement les rapports des peuples et des cités. Dans l'ordre matériel le chemin de fer est le symbole le plus parfait de l'*association universelle*. Les chemins de fer changeront les conditions de l'existence humaine. Il y a vingt ans, ils n'étaient employés que pour le service intérieur de quelques mines : inventés d'hier, ils ont déjà éprouvé des perfectionnemens prodigieux relativement à leur tracé, à leur construction et aux moteurs destinés à les parcourir. Déjà, grâce aux admirables machines locomotrices, façonnées par les ingénieurs anglais, on peut aisément s'y transporter avec une vitesse moyenne de dix lieues (40,000 mètres) à l'heure (1), et je ne doute pas que prochainement l'on n'arrive à dépasser cette vitesse, même par tous pays. Or quand il sera possible de métamorphoser Rouen et le Havre en faubourgs de Paris, quand il sera aisé d'aller non pas un à un, deux à deux, mais en nombreuses

---

(1) Les voyageurs parcourent la distance de Liverpool à Manchester, qui est de 52 kilomètres (13 lieues), en une heure et quart.

caravanes, de Paris à Pétersbourg en moitié moins de temps que la masse des voyageurs n'en met habituellement à franchir l'intervalle de Paris à Marseille, quand un voyageur, parti du Havre de grand matin, pourra venir déjeûner à Paris, dîner à Lyon et rejoindre le soir même à Toulon le bateau à vapeur d'Alger ou d'Alexandrie; quand Vienne et Berlin seront beaucoup plus voisins de Paris, qu'aujourd'hui Bordeaux, et que relativement à Paris Constantinople sera tout au plus à la distance actuelle de Brest, de ce jour un immense changement sera survenu dans la constitution du monde; de ce jour ce qui maintenant est une vaste nation, sera une province de moyenne taille (1).

L'introduction, sur une grande échelle, des chemins de fer sur les continens, et des bateaux à vapeur sur les mers, sera une révolution non seulement industrielle, mais politique. Par leur moyen, et à l'aide de quelques autres découvertes modernes, telles que le télégraphe, il deviendra facile de gouverner la majeure partie des continens qui bordent la Méditerranée avec la même unité, la même instantanéité qui subsiste aujourd'hui en France. Or entre tous les pays, l'Angleterre exceptée, la France est de beaucoup celui où il est le plus aisé de communiquer l'impulsion du centre jusqu'à l'extrême circonférence (2).

---

(1) En ce moment, sur les routes bien servies du continent, les diligences parcourent deux lieues à l'heure. En ne comptant que dix lieues pour les chemins de fer, il en résultera que les distances seront à peine le cinquième de ce qu'elles sont aujourd'hui. Si bien que les habitans de deux points placés à cinq cents lieues l'un de l'autre se trouveront dans les mêmes rapports qui existent maintenant entre ceux de deux villes éloignées seulement de cent lieues, et que par conséquent la population d'un pays dont la superficie serait de deux cent cinquante mille lieues carrées, sera de fait placée dans les mêmes circonstances que celle qui occupe aujourd'hui un territoire vingt-cinq fois moindre.

(2) Les chemins de fer, outre les avantages de l'ordre moral et politique, présentent encore, sur les canaux et rivières, l'avantage matériel de n'être

Et cependant quelles que soient les merveilles qu'enfante déjà la vapeur sous les doigts de l'homme, il est encore novice à la manier et à l'appliquer soit aux chemins de fer, soit à la navigation. Les machines à vapeur sont des appareils compliqués et fort incommodes par leurs poids, et les expériences les plus scrupuleuses constatent qu'à peine elles utilisent quatre à cinq pour cent de la force calorifique du combustible consommé. Que sera-ce donc lorsqu'une nouvelle inspiration scientifique, ramenant l'unité dans des théories aujourd'hui embarrassées et complexes, aura éclairé ce qui n'est que ténèbres, tourné à profit ce qui fait obstacle, et mis de l'ordre au sein du chaos ?

Les chemins de fer figureront donc au premier rang parmi les moyens de transport qui relieront les divers points du *système méditerranéen;* et déjà, comme par un pressentiment d'avenir, les deux peuples les plus industriels du monde, l'Angleterre et l'Amérique du Nord, lorsqu'ils ouvrent des communications nouvelles, préfèrent généralement aujourd'hui les chemins de fer,

---

point sujets à chômages pendant l'hiver, pendant les basses eaux, et surtout celui de coûter moins à établir : on peut même les construire provisoirement pour la première fois à un prix extrêmement bas, sauf à les construire plus solidement lorsqu'ils ont vivifié le pays qu'ils traversent. M. Litz annonce qu'aux États-Unis d'Amérique, il en a été tracé de construction légère, calculée pour dix années de service, en fer et en bois, et qui n'ont coûté que 7,500 dollars le mille (22,000 fr. le kilomètre). C'est bien moins que les routes royales de France avec leurs larges berges de boue. D'un autre côté, la rapidité de la course permet aux fabriques dont les produits les parcourent, de ne se point mettre en avance et de fabriquer, pour ainsi dire, au fur et à mesure des besoins de la consommation. Avec les canaux, au contraire, il y a toujours une grande quantité de produits en route, qui courent risque de se détériorer et dont la valeur constitue une énorme mise dehors.

SYSTÈME GÉNÉRAL.

Or maintenant l'on peut considérer la Méditerranée comme une série de grands golfes qui sont chacun l'entrée d'un large pays sur la mer. Dans chacun de ces golfes il y aura à choisir un port principal, et presque partout il sera possible d'en trouver un sur l'axe de la plus importante des vallées aboutissant au golfe. Le port ainsi déterminé sera pris pour pivot d'un ensemble d'opérations dont la plus capitale serait un chemin de fer qui, remontant la vallée médiale, irait par-dessus ou à travers le versant des eaux chercher une autre vallée de premier ordre; car les grands bassins des fleuves constituent généralement les divisions industrielles les plus naturelles. Et ces systèmes partiels, tous rattachés entre eux, constitueraient le système général.

De la sorte les grands courans d'eau seraient longés chacun par un chemin de fer, qui en masse leur serait parallèle, et le grand mouvement d'hommes et de produits qui aurait lieu le long de leur cours se trouverait partagé, de sorte que le chemin de fer ne porterait que les hommes et les produits légers, laissant à la navigation le soin de charrier les marchandises lourdes et encombrantes. Les communications secondaires seraient ensuite spécialement établies à l'aide de chemins de fer.

ESPAGNE.

L'Espagne, qui ferme la Méditerranée à l'une de ses extrémités, présente particulièrement un golfe en entonnoir mal clos, entre la côte de Valence et de Catalogne et les Baléares. Prenant Barcelone (1) pour point central de ce

---

(1) Le port de Tarragone, à moitié chemin de Barcelone aux bouches de l'Ebre, est cependant le port le plus sûr de la côte.

golfe, concevons un chemin de fer qui, rejoignant la vallée de l'Èbre, la remonte jusqu'à Sarragosse, aille de là chercher le bassin du Tage, aborde Madrid et continue jusqu'à Lisbonne à travers les plaines de la Castille, l'Estramadure et le Portugal. Celui qui établirait cette voie, aurait consacré l'union du Portugal et de l'Espagne, car il n'y a d'association possible qu'entre des peuples qui peuvent s'épancher matériellement l'un sur l'autre et vivre réellement de la vie l'un de l'autre. L'unité espagnole est fort imparfaite, quoique le gouvernement actuel la prépare tous les jours à son insu. Les douze royaumes d'Isabelle et de Ferdinand sont isolés, ont des lois diverses, des usages divers. Un autre chemin de fer qui, parti de Cadix, remonterait le Guadalquivir par Séville et Cordoue, rejoindrait Madrid, et irait vers Bordeaux par le bassin de la Garonne, s'il était possible; qui, lançant des embranchemens à droite et à gauche de l'Èbre, liant ainsi le magnifique port du Passage avec Barcelone et Tortose, établirait la plus courte communication possible entre les deux mers (1); qui poussant d'autres bras, l'un à travers la vallée du Douero vers Porto, un autre vers les abondantes mines de charbon et de fer des Asturies, un troisième vers les riches mines de plomb de l'Andalousie (2); un tel chemin, dis-je, avec tous ses rameaux et avec la grande voie de Barcelone à Lisbonne, serait comme un système de veines et d'artères le long desquelles la civilisation circulant réveillerait l'Espagne assoupie, en relierait les membres disjoints et la ferait passer de la torpeur où ses gardiens l'ont plongée afin qu'elle ne bondît pas hors du cercle tracé par le catholicisme,

---

(1) Il y a long temps qu'un canal est projeté et même commencé dans ce but.

(2) Ces mines, sises particulièrement près de Marbella, fournissent annuellement 32,000,000 de kilog. de plomb. Ce sont les 3/7 de la production totale de l'Europe.

à cette enivrante activité qui tiendra sans cesse les populations en moiteur sous l'empire d'une foi religieuse sanctifiant l'industrie, sur un sol riche et fertile, dans une atmosphère embaumée par les orangers et les aloès.

FRANCE. — ANGLETERRE.

En France le port principal du golfe de Lyon est Marseille (1) qui termine admirablement l'admirable vallée du Rhône. Il n'est personne qui, regardant la carte, n'ait rêvé quelque grande communication entre Marseille et le Havre, par Lyon et Paris, à travers les trois vallées du Rhône, de la Loire et de la Seine. La seule partie de cette belle voie qui pût présenter de sérieuses difficultés à vaincre, celle qui doit lier le bassin du Rhône au bassin de la Loire, est presque terminée aujourd'hui. Le plus haut avantage de cette grande communication serait certainement d'ouvrir à l'Angleterre les abords de la Méditerranée. L'industrie jouera un beau rôle dans la régénération des peuples méditerranéens. La reine de l'industrie, l'Angleterre, ne saurait manquer d'apparaître avec éclat dans les pacifiques croisades qui s'ébranleront en Occident pour aller relever l'Orient à demi enseveli sous des monceaux de ruines. Le chemin de fer du Havre à Marseille sera comme un pont jeté au-dessus de la France pour le passage de la puissante Albion, de ses ingénieurs et de ses trésors.

Les principaux chemins de fer qui sillonneraient encore la France seraient; 1° celui de Toulouse à Bordeaux, qui continuerait sur Paris par Orléans, et qui, par Metz, Sarrebruck aux inépuisables mines de houille, Mayence et Franc-

---

(1) Le port de Toulon est cependant beaucoup plus beau et plus sûr que celui de Marseille; mais Toulon étant port de guerre, le mouvement commercial s'est jusqu'à présent concentré sur la ville des Phocéens.

fort, irait tourner les Vosges et la forêt Noire pour entrer
en Allemagne, et dont un embranchement rattacherait à Paris Mons, Bruxelles et Anvers; 2° ceux qui de Lyon rejoin-
draient les bassins de la Meuse et du Rhin, et descendraient
jusqu'à Maëstricht et Amsterdam; 3° celui qui poursuivrait
la Loire jusqu'à Nantes, et de là irait rallier la superbe rade
de Brest.

ITALIE.

L'Italie, au territoire alongé, ressemble à un messager de
l'Europe vers l'Afrique et l'Asie. L'Italie à l'ame d'artiste,
l'Italie, voluptueuse et riante comme une fille d'Orient, aura
une éclatante mission dans l'ère qui s'ouvre pour les peuples
de la Méditerranée. Mais l'Italie sans unité est condamnée à
l'impuissance. L'Italie est bien morcelée; toutefois le sentiment de l'unité l'agite jusqu'au fond des entrailles. L'emblême
matériel de l'unité italienne sera un chemin de fer qui s'éten-
dra de Venise à Tarente par Florence, Rome et Naples, et
auquel il sera facile de rattacher les points principaux du versant oriental des Apennins, ainsi que Livourne et les ports
secondaires du versant occidental. Les derniers jours de Venise ne sont pas venus; ses lagunes qui se comblent et ses canaux qui s'engorgent depuis qu'un lourd Autrichien la glace de
sa présence, ne se changeront pas; comme les travaux des
Sésostris et des Pharaons, en marécages fétides et imprati-
cables. Qu'elles étaient brillantes les gal res qui, portant la
fleur des chevaliers de l'Occident, allèrent, après avoir en
passant soumis Zara, asseoir Baudouin de Flandre sur le trône
de Constantin et inaugurer le Lion de Saint-Marc en Morée
et dans les îles de l'Archipel! Eh bien! Venise lancera de son
sein de nouveaux convois plus magnifiques. L'Adriatique est
une pointe poussée par la mer vers le cœur de l'Allemagne;
c'est une rade par laquelle l'Allemagne laborieuse est appelée
à répandre autour de la Méditerranée ses produits et ceux des

terres scandinaves. Venise, qui est assise au sommet de l'Adriatique comme une reine au-dessus de sa cour, sera le centre auquel aboutiront les rayons en grand nombre dont chacun apportera les richesses de toute une contrée. De Venise partiront des chemins de fer qui iront l'un vers Gênes sa sœur, veuve aussi de son doge et de son antique liberté ; l'autre à Turin par Milan ; un troisième vers Hambourg, la Venise de la mer du Nord, par l'une des vallées latérales du Danube, la vallée de la Moldau et celle de l'Elbe, où fleurissent de riches cités, Prague, Dresde, Magdebourg (1). Venise et Trieste sa voisine seront deux des plus beaux bazars du monde.

ALLEMAGNE. — TURQUIE D'EUROPE.

L'Allemagne, dans ce grand mouvement qui pousse instinctivement tous les peuples vers l'unité, est presque parvenue à se donner un lien intellectuel. Il y a en Allemagne deux grandes divisions, l'Allemagne du nord et l'Allemagne du midi ; l'une revenant des doctrines du protestantisme ou d'individualisme à l'unité ; l'autre, plus particulièrement occupée de s'initier à l'individualisme, après être long-temps restée fidèle aux doctrines exclusivement unitaires du catholicisme. Toutefois il y a par toute l'Allemagne un même parfum de poésie contemplative mystique, lien flottant qui relie vaguement les ames élevées de la Teutonie. Il y a entre les savans des universités un lien plus saisissable. Les souvenirs du *Tugend Bund* et de la *Burschenschaft* sont d'autres élémens d'unité également répandus sur l'Allemagne du nord comme sur l'Allemagne du midi. Mais les communications matérielles sont peu actives sur la terre germanique. Elles y sont loin de la célérité et de la régularité à laquelle elles sont parvenues en Angleterre ou en France. L'unité commerciale de

____

(1) Il existe un chemin de fer entre la Moldau et le Danube.

l'Allemagne n'existe pas. De beaux chemins de fer établis dans quelques directions principales seront des liens qui resserreront tous ces peuples qui parlent la même langue et qui ne s'entendent pas; qui ont les mêmes mœurs, les mêmes habitudes, et qui restent de fait étrangers les uns aux autres. — Qu'on ouvre une voie qui partant de Mayence ou de Francfort, où aboutirait celle de Cadix à Paris prolongée par Metz, se dirige vers Ratisbonne dans la vallée du Danube, aille de là, par Lintz, Vienne, Presbourg et Ofen, jusqu'à Belgrade, où le sang de l'Orient et de l'Occident a coulé avec une si effroyable profusion; qu'à Belgrade elle se bifurque, et qu'elle se dirige d'un côté vers Sophia, capitale de la Bulgarie, où elle se bifurquera encore pour rejoindre Salonique dans l'Archipel, et Constantinople par Andrinople; de l'autre côté par Bucharest jusqu'à Odessa, principal établissement dans la mer Noire, ville créée hier par un Français, M. de Richelieu, et dont la population est déjà de 40,000 ames. — Qu'une seconde grande voie, prenant comme la première son origine à Mayence ou à Francfort, se déroule à travers la plaine immense qui commence aux Flandres, qui se développe sur l'Allemagne du nord, dans toute la Russie et dans les steppes de l'Asie septentrionale jusqu'au Kamschatka; qu'elle coupe à Dresde la ligne de Venise à Hambourg, et qu'elle s'avance par Breslau, Varsovie, Vilna et Riga, jusqu'à Saint-Pétersbourg. Qu'on la rattache, par des embranchemens, à Brême, dans le bassin du Weser; par le Hanovre, pays de mines, aux bouches de l'Oder; à Dantzick, qui clot le bassin de la Vistule; qu'à travers la Silésie et la Gallicie, provinces magnifiques, deux de ces embranchemens relient par Breslau, Berlin et le pays de Cracovie, le port d'Odessa à Stralsund vers l'extrémité occidentale de la Baltique, et que l'un d'eux, se dédoublant pour traverser la Hongrie dans sa plus grande dimension le long de la Theiss, noue les chemins du Nord avec le système mé-

ridional établi autour de Belgrade. — Que des embranchemens partis de la grande voie du midi aillent rejoindre les sa-
lines de la forêt Noire, circulent dans les plaines de la Souabe,
remontent même jusqu'à Turin, s'il est possible, afin que le
groupe du Nord et le groupe du Midi se déversent par cent
issues l'un sur l'autre. — Et lorsque par ce réseau symétrique-
ment distribué autour de Dresde, qui est la ville des Français
de l'Allemagne, ce beau pays aujourd'hui emprisonné au milieu des terres, aura des portes ouvertes sur toutes les mers,
sur l'Archipel, la mer Noire, l'Adriatique et la Caspienne,
lorsque les pacifiques bourgeois de Vienne, qui frissonnent
encore au souvenir du grand-visir Kara-Mustapha, pourront
aller trafiquer à Constantinople tout aussi commodément
qu'un négociant de Paris va rendre visite à son correspon-
dant de Lille; lorsque les savans de la Germanie, sentant
leurs sens émoussés, pourront aller chercher des inspirations
dans les jardins odoriférans de Bujukdéré et de Térapia, sous
le ciel enchanteur de la Propontide, tout comme le Parisien
qui a besoin de se distraire va regarder à Dieppe le flux et le
reflux de l'Océan; lorsque l'académicien berlinois et l'étu-
diant de Goettingue pourront en vingt-quatre heures passer
des salles de leurs universités aux collections du Jardin-des-
Plantes, à une séance de l'Institut ou au musée du Louvre;
lorsque la grâce de l'Italie, la finesse des Hellènes et l'élégante aisance des Français débordant incessamment sur l'Allemagne, se marieront avec la sincérité, la conscience et la
bonté d'ame des Germains; lorsque tout cela subsistera, qui
peut dire quelles seront la splendeur, la richesse et la force
d'association au sein de la Germanie?

RUSSIE.

Une portion des nations méditerranéennes se compose de
populations passives dont la docilité va sans effort jusqu'au

servilisme, et dont le progrès consistera surtout à être initiés à la vivacité française, à la mobilité italienne, à la dextérité bretonne. Tout sommeille chez ces nations; en masse les habitans y meurent, après avoir végété plutôt que vécu, sans s'être écartés hors de la vue de la chaumière qu'occupaient leurs ancêtres, semblables aux mollusques dont la coquille est fixée à un rocher. Telles sont les races slaves, tels sont les paysans de l'Autriche, de la Hongrie et de la Bohême; telle est la nation moscovite. Dans l'ordre politique, le moyen le plus efficace de les réveiller de leur somnolence consistera à placer près d'eux les exemples d'un mouvement extraordinaire, à les exciter par le spectacle d'une prodigieuse vélocité, et à les inviter à suivre le courant qui circulera à leur porte, par l'intérêt le plus positif et qu'ils sentent le mieux aujourd'hui, celui du bénéfice industriel. Sous ce rapport particulier les chemins de fer exerceront une influence décisive sur la civilisation d'une grande partie du monde et spécialement de la Russie.

La Russie est de tous les pays celui où la construction des chemins de fer serait le plus facile. Le sol de la Russie est plat, il est couvert de forêts qui fournissent abondamment des bois à l'aide desquels la construction de routes à ornières sera fort peu dispendieuse. C'est aussi celui où ils seraient le plus utiles. La Russie est baignée par de très-beaux fleuves : les deux Dwina qui courent au nord; le Dniester, le Dnieper, le Don et le Volga, qui ont leur pente au sud : aussi a-t-il été facile, à l'aide de quelques canaux, d'établir dans ce vaste territoire plusieurs communications entre les mers qui le baignent au midi et celles qui le baignent vers le pôle; mais ce sont des voyages sans fin, et d'ailleurs la gelée y rend la navigation impossible pendant plus de six mois. Les principaux ports de la Russie dans la mer Noire sont Odessa et Sébastopol; dans la mer d'Azof, Taganrog, où mourut l'empereur Alexandre, et dans la mer Caspienne, Astrakan; pla-

cés l'un entre les bouches du Danube et du Dnieper, le second à l'embouchure du Don, le troisième aux bouches du
Volga. Odessa et Astrakan surtout sont les centres d'un commerce immense. Les chemins de fer qu'il importerait le plus
d'ouvrir à travers ces terres à demi sauvages seraient ceux qui
rapprocheraient de ces deux ports les principaux points du
territoire. On conçoit qu'une route en fer qui d'Odessa irait
à Riga et Pétersbourg par Kiew, qui d'Odessa continuerait
ensuite vers Astrakan par Taganrog, qui d'Astrakan s'élan-
cerait vers Saint-Pétersbourg par Moscou, à travers le long
et large bassin du Volga, et pousserait jusqu'à Arkangel sur
la mer Blanche, comprendrait les lignes les plus importantes
du réseau vivifiant qui doit animer la Russie, et lui faire
perdre le caractère engourdi d'un peuple cerné par les neiges.

ASIE ET AFRIQUE.

Je passe à la Turquie d'Asie, à cette terre poétique où ont
passé tant de peuples fameux, et sur le sol de laquelle se sont
nivelés les débris de tant de grands empires. C'est là que l'i-
magination de nos pères avait placé le paradis terrestre avec
ses ineffables plaisirs; c'est là que vécurent Abraham et Mel-
chisédech, le grand-prêtre du Très-Haut; c'est là que s'élevèrent ces colosses de faste et de puissance dont les grandes
traditions ont perpétué la mémoire solennelle, là furent
Babylone et Ninive; là se dessinent encore les grandes
ombres de Sémiramis et de Bélus; là est l'empreinte de l'or-
gueilleux Nabuchodonosor. Les Chaldéens fameux par leur
science astronomique, les Lydiens aux richesses fabuleuses,
le peuple d'Assur, le grand Cyrus et les rois des rois, y ont
apparu tour à tour dans leur voluptueuse magnificence. Puis
les lieutenans d'Alexandre y implantèrent les merveilles d'A-
thènes et de Corinthe; et les califes successeurs de Mahomet
y cultivèrent les sciences et les arts. C'est de là que partirent
les Phéniciens pour leurs expéditions aventureuses; c'est de

là que de florissantes colonies vinrent peupler le littoral de là Méditerranée. Et tout cela n'est plus. De tous ces trônes et de toutes ces dominations il ne reste que poussière, et cette poussière n'a pas fécondé le sol. Cette terre dont les délices avaient attiré successivement tous les peuples, sur laquelle les Celtes grossiers et les non moins grossiers fils d'Othman étaient accourus s'abreuver de jouissances, est aujourd'hui flétrie. Il semble que, comme la Baïes des Césars, elle ait dû expier par sa ruine les débauches dont elle fut souillée en des jours de dissolution. Aujourd'hui les villes y sont disséminées, les populations rares; l'Euphrate et le Tigre y coulent au milieu de décombres et de champs sans culture.

La configuration de cette contrée permettrait d'y tracer un long chemin de fer qui se relierait au système que nous avons conduit jusqu'à Constantinople. Vis-à-vis la capitale des sultans, sur le Bosphore, est Scutari, l'ancienne Chrysopolis, la ville d'or, car tout était d'or sur cette terre privilégiée. Ce chemin de fer, partant de Scutari, irait chercher l'Euphrate en remontant vers la mer Noire, traverserait sur la trace de ce beau fleuve les défilés du Taurus, entrerait ainsi dans la vaste plaine de la Mésopotamie, et arriverait aisément au golfe Persique par Bagdad et Bassora. Divers embranchemens y rattacheraient l'un Erzeroum et Trébisonde à l'extrémité orientale de la mer Noire; un autre Alep, la vallée de l'Oronte, le bassin du lac Asphaltide et le Caire en Egypte; un troisième pourrait probablement pénétrer jusqu'à Smyrne; un autre enfin, conduit par Téhéran et Recht, unirait le golfe Persique et la mer Caspienne par leurs points les plus rapprochés.

Concevons maintenant qu'on poursuive un pareil système de travaux sur la côte d'Afrique, tout le long des régences barbaresques, jusqu'à Ceuta, vis-à-vis Gilbraltar, qu'on trace par exemple, un chemin de fer depuis l'île d'Eléphantine jusqu'à Alexandrie, et que par des embranchemens on fasse

communiquer les oasis d'Egypte avec la vallée du Nil ; on
aura ainsi tout autour de la Méditerranée un premier réseau
sur lequel on brodera des réseaux secondaires, de manière
surtout à faire converger les communications vers les ports
qui serviront de centre à chaque bassin. Concevons que,
poussant devant soi la civilisation, l'Europe s'étende peu à
peu sur l'Asie, par les Russes au nord, par les Anglais au
midi, par la Turquie à l'ouest ; supposons que, d'un côté, les
Américains y affluent à l'est ; imaginons que pour mettre en
activité le double courant qui de l'Amérique et de l'Europe
viendrait visiter la vieille Asie, l'on perce les deux isthmes
de Suez et de Panama, et représentons-nous, s'il est possible, le ravissant tableau qu'offrirait bientôt l'ancien continent.

AUTRES TRAVAUX.

Et ce n'est pas tout. Concevons encore que les améliorations au régime des communications par eau marchent de
front avec l'ouverture des chemins en fer, de sorte que tout
puissant cours d'eau soit rendu navigable directement par des
travaux opérés dans son lit ou indirectement par le creusement
d'un canal latéral ;

Concevons que des milliers de bateaux à vapeur sillonnent
la Méditerranée dans tous les sens, de Sébastopol à Gibral-
tar, de Carthagène à Smyrne, de Venise à Alexandrie ; que
d'autres remontent les grands fleuves qui l'alimentent, et par-
courant ses rives dentelées, fouillent tous les coins de l'Archipel grec, de l'Adriatique, de la mer Noire, de la Baltique,
de la mer Caspienne et des golfes Arabique et Persique ;

Concevons que sur tout le territoire méditerranéen l'agriculture soit rendue florissante, et que, particulièrement à cet
effet, les nombreux canaux d'irrigation et de desséchement
qu'elle réclame soient ouverts sans plus de retard ; que la richesse minérale soit exploitée conformément à un grand plan

d'ensemble, que des fabriques de toute sorte façonnent les produits nécessaires au bien-être de l'homme.

Supposons enfin un vaste système de banques qui répande un chyle salutaire dans toutes les veines de ce corps à la dévorante activité, aux articulations innombrables.

Admettons pour un instant que cette création gigantesque soit entièrement réalisée demain, et demandons-nous si, au milieu de tant de prospérité, il pourrait se trouver un cabinet qui, saisi d'une fièvre belliqueuse, songeât sérieusement à arracher les peuples à leur activité féconde, pour les lancer dans une carrière de sang et de destruction ; si alors il existerait des capitalistes qui, effrayés d'un avenir incertain, resserrassent leurs capitaux, et des populations affamées qu'on pût décider à l'émeute.

FRAIS DE RÉALISATION.

Or tous les chemins de fer que je viens d'esquisser, en y comprenant une foule d'embranchemens que je n'ai pas indiqués, formeraient un développement d'environ 6,000 myriamètres (15,000 lieues de poste) ; et à raison de 750,000 fr. le myriamètre à double voie, ils coûteraient en somme quatre milliards cinq cent millions de francs (1).

---

(1) On peut évaluer la dépense d'un chemin de fer, construit avec grande solidité et à double voie, à 800,000 fr. ou 1,000,000 de fr. le myriamètre. Je n'ai compté ici que 750,000 fr., parce que sur beaucoup de points il y aurait avantage à commencer par une construction provisoire, parce qu'une partie des chemins pourrait d'abord n'exister qu'à une voie, et parce que dans beaucoup de pays (notamment dans l'Allemagne et dans le Nord), on pourrait, en faisant entrer le bois dans la construction, obtenir une économie considérable.

Une partie des dépenses des travaux publics, chemins de fer, canaux et amélioration des fleuves, provient de la difficulté des percemens et aplanissemens. La science ne peut tarder à perfectionner les procédés dont on se sert aujourd'hui pour cet objet. C'est par la poudre à base de salpêtre qu'au-

C'est à peu près ce qu'a emprunté la France depuis le commencement de sa révolution pour faire la guerre.

Or si on allouait pareille somme à l'amélioration du régime des eaux navigables et à l'établissement de canaux d'irrigation ou de desséchement dans toutes les contrées méditerranéennes;

Pareille somme à l'établissement d'un système unitaire de banques qui fécondât l'industrie dans toutes ces contrées;

---

jourd'hui l'on fait sauter les rochers qui hérissent les fleuves ; c'est par elle qu'on s'avance dans les flancs des montagnes. Or la poudre est ce qu'elle était il y a cinq cents ans, quoique depuis lors la chimie se soit enrichie d'innombrables découvertes. Il existe déjà des mélanges détonans qui lui sont bien supérieurs : tels sont ceux à base de chlorate de potasse ; tels sont surtout les fulminates. Pendant la révolution, le gouvernement français fit faire des essais en grand avec la poudre de chlorate ; on y renonça parce qu'elle était d'un maniement difficile, surtout dans les armées, où l'on opère précipitamment et sans précaution. Les fulminates, dont la force de détonation est plus que centuple de celle de la poudre à base de salpêtre, ne peuvent être approchés sans danger que par des doigts extrêmement habiles. Mais le progrès de la civilisation, sous le rapport industriel, consiste en ce que l'homme s'approprie les instrumens qu'il n'avait pas su maîtriser d'abord, et dont la puissance est précisément en raison de l'adresse qu'ils exigent. C'est ainsi qu'il a fait des merveilles avec la poudre à canon qui avait tué son inventeur, c'est ainsi que la vapeur et le gaz sous sa main sont devenus des leviers admirables. La science est actuellement dominée par des préjugés chrétiens. Ses théories, ses découvertes de détail ont été conçues sous l'empire de la croyance au mal *absolu*, à *Satan;* sous l'inspiration du *libera nos à malo.* Habituellement les savans n'ont cherché qu'à *préserver* l'homme d'agens supposés essentiellement *mauvais,* tandis qu'il faudrait plutôt chercher à *utiliser* ces agens et à les rendre *bons.* C'est ainsi qu'on a eu des *paratonnerres,* et que rien n'a été fait pour *tirer parti* de l'immense force que recèle l'atmosphère dans les momens d'orage. La doctrine de la *réprobation absolue,* ou, en d'autres termes, du dualisme *dieu* et *diable,* est donc, à l'insu des savans, dans la science, et c'est là ce qui l'arrête. Lorsqu'au contraire la science sera fondée sur la doctrine de l'*élection universelle,* sur la révélation DIEU EST TOUT CE QUI EST, elle rencontrera de magnifiques occasions de progrès là où jusqu'à présent elle n'a pu voir que des obstacles.

(148)

Pareille somme enfin à la fondation d'un ensemble d'écoles,
de gymnases, de musées, où toute la jeunesse recevrait,
sans distinction de naissance, une éducation morale et professionnelle ;

LA DÉPENSE TOTALE S'ÉLEVERAIT A DIX-HUIT MILLIARDS.

C'est à peu près ce que l'Angleterre a emprunté depuis
soixante ans pour faire la guerre.

Les puissances européennes ont en ce moment sous les armes trois millions d'hommes, dont l'entretien, avec celui des
places fortes et du matériel de guerre, peut être évalué à
1,500 millions de francs (1). Si pendant douze ans cette
somme était appliquée à la réalisation du plan que nous venons d'esquisser (et certes il ne faudrait pas un moins long
intervalle pour l'amener à complète réalisation), le monde
aurait changé de face sans que les peuples eussent augmenté
d'un centime leurs budgets.

Et si l'on tenait compte de la masse de produits que pourraient créer ces soldats, qui forment la partie la plus robuste
et la plus alerte de la population, et qui retourneraient aux
travaux industriels, si les gouvernemens abandonnaient le
système d'observation armée dans lequel ils épuisent les nations, pour s'associer en *confédération méditerranéenne ;* si l'on
tenait compte de l'immense développement que prendrait l'industrie le jour même où un congrès aurait posé les bases de
cette confédération ; de la sécurité qui, renaissant aussitôt,
ranimerait le crédit éteint depuis juillet, et le porterait en peu
d'instans à une hauteur inouïe, on concevrait sans peine qu'en
supposant indispensable de demander à l'impôt, pour les appliquer à l'œuvre pacifique, les 1,500 millions que dépense
annuellement l'Europe pour entretenir ces 3 millions d'hommes dans une oisiveté fort active, la charge serait légère aux
populations. Mais il est évident que, pour une destination

---

(1) L'entretien d'un fantassin coûte 500 fr. ; celui d'un cavalier, 750.

aussi morale, aussi utile, aussi glorieuse que l'affermissement d'une paix éternelle et l'avénement politique de l'industrie rehaussée de cent coudées, les gouvernemens associés trouveraient à emprunter annuellement, aux conditions les plus avantageuses, une somme égale à ces 1,500 millions, et une somme double s'il le fallait.

Je suis convaincu que si on évaluait la dépréciation qu'a subie la richesse du monde depuis les événemens de juillet, le chiffre de cette dépréciation s'éleverait au moins aux deux tiers de la somme totale de 18 milliards qu'exigerait l'exécution entière de notre plan.

Tel est le système politique que nous proposons à tous les hommes qui sont préoccupés de la crise européenne, aux méditations des diplomates et des gouvernans. Quelle que soit la bannière qu'ils aient suivie jusqu'à ce jour, quel que soit le principe qu'ils aient représenté dans les divisions du monde, ils trouveront satisfaction à leurs vœux dans la mise en pratique de notre plan. Tous y trouveront la fin de leurs tâtonnemens et des incertitudes qui depuis dix-huit mois tiennent un congrès assemblé pour ne rien conclure. Dans une œuvre pareille il y a place pour tous les hommes de capacité, que leur chimère ait été le républicanisme ou l'absolutisme ou le juste-milieu; pour M. de Metternich comme pour lord Grey, pour M. Périer comme pour M. Nesselrode, pour M. de Chateaubriand comme pour lord Wellington. Et voilà précisément pourquoi l'adoption de ce système sera la consécration de la paix du monde.

Il y a place dans cette œuvre pour les savans dont les lumières ont à éclairer le plan, et dont les méditations en préparent la réalisation et la rendront plus facile. Il y a place pour les hommes d'art de tous les pays, pour les ingénieurs qui, en Angleterre et sur le continent, ont recueilli et fait fructifier l'héritage des Riquet et des Watt. Il y a place pour les industriels aux mains desquels la nature verse ses produits

et qui les métamorphosent en cent façons pour l'embellissement de l'humanité et du globe qu'elle habite. Il y a place
pour les commerçans infatigables qui, d'un pôle à l'autre,
vont chercher ses produits; place de plus en plus large, de
plus en plus commode pour le pauvre peuple des ateliers et
des campagnes; place, et sur les premiers rangs, pour les
banquiers dispensateurs du crédit, dépositaires de la richesse
des individus et des états.

Il y a place en vue de tous, place entourée d'or et de
pourpre; place ornée de guirlandes de fleurs pour les poètes,
pour les hommes d'inspiration qui jusqu'ici, ne trouvant de
grand dans la société que la guerre, ont chanté la guerre et ses
scènes de deuil, et qui maintenant ont à chanter l'épithalame
de l'Orient et de l'Occident. A leurs voix, que l'Italie et l'Espagne secouent leur léthargie; que les villes de la Grèce et de
l'Asie sortent de leur sépulcre. Nouveaux Amphions, qu'ils
donnent naissance à de riches cités, là où tant de grandes
nations sont ensevelies pêle-mêle. Tyrthées pacifiques, qu'ils
prêchent de pacifiques levées qui reportent le dépôt de la civilisation aux terres d'où l'Europe l'avait reçue; qu'ils aillent à la
tête des peuples, enrégimentés en travailleurs, sur les bords du
Tage ou de l'Ilissus, aux ruines de Palmyre ou dans la plaine
des Pyramides; faire un de ces pélerinages dont l'idée est si
souvent venue, dans leurs rêveries, caresser mollement leur
imagination vagabonde, alors qu'ils aimaient à égarer leur
pensée, afin de la délasser du prosaïque spectale des sociétés
modernes, pourries d'égoïsme, abîmées de décrépitude.

Tel est notre plan politique.

Combiné avec l'œuvre morale conçue par notre PÈRE
SUPRÈME, dont il est la traduction matérielle, il doit assurer
un jour le triomphe de notre foi.

TABLE DES MATIÈRES.

9 782013 485975